在爱与不爱之间

国际心理学大师访谈录

一岩 著

陕西师范大学出版总社

图书代号：SK15N0865

图书在版编目（CIP）数据

在爱与不爱之间：国际心理学大师访谈录／一岩著.—西安：陕西师范大学出版总社有限公司，2015.9
ISBN 978-7-5613-8259-2

Ⅰ.①在… Ⅱ.①一… Ⅲ.①心理学家－访问记－世界－现代 Ⅳ.①K815.1

中国版本图书馆CIP数据核字（2015）第197258号

在爱与不爱之间：国际心理学大师访谈录
ZAI AI YU BU AI ZHI JIAN GUOJI XINLIXUE DASHI FANGTANLU

一岩 著

策划编辑 /	孙国玲
责任编辑 /	孙国玲　陈　博
责任校对 /	彭　燕
特约审稿 /	巩亚男
封面设计 /	南京观止堂图文设计有限公司
出版发行 /	陕西师范大学出版总社
	（西安市长安南路199号　邮编710062）
网　　址 /	http://www.snupg.com
印　　刷 /	西安创维印务有限公司
开　　本 /	720mm×1020mm　1/16
印　　张 /	13.5
插　　页 /	1
字　　数 /	180千
版　　次 /	2015年9月第1版
印　　次 /	2015年9月第1次印刷
书　　号 /	ISBN 978-7-5613-8259-2
定　　价 /	35.00元

读者购书、书店添货或发现印刷装订问题，请与本公司营销部联系、调换。
电话：（029）85307864　85303629　　传真：（029）85303879

推荐序一

热忱与勇气

一岩邀我写序，我欣然应允。

最近一些年，渐渐开始有人请我为书写序。这让我想到以下几点：一、人家认可你，信任你，这是一份情，你当珍惜；二、你会发现，自己老了，时光不多，也当珍惜；三、既然你答应写，就要说实话，对作者、对读者。

这本书的名字让我吓了一跳，"国际心理学大师"这个响当当的头衔让我愧不敢当。我 20 年沉潜于心理咨询，只是在专业实践上有了一些自我确认。在第一届存在主义心理学国际大会（2010 年，南京）上，北京师范大学的郑日昌教授对我做了这样一个描述："王学富讲得好，不如他写得好。"其实，我真正想听到的是下面的接续部分："王学富写得好，不如他做得好。"我只是一个"做"心理学的人。

我认识一岩，是几年前的事，不算长，也不短。当年克雷格（Erik Craig）在南京直面心理咨询研究所举办"存在分析"工作坊，有一位记者从西安赶来参加，她就是一岩。初次接触，我发现一岩是一个热情洋溢的人，颇有感染力。

此后一岩跟我时有联系，或就某个话题做一个采访，或一起参加存在心理学国际会议和专题研讨会，或请我介绍某个国内国外的专家学者，等等。接触多了，也就对一岩有了更多了解。有一个印象是确定的，一岩永远都是一个热情洋溢的人。

最近，一岩写的书即将出版，她寄来一部分书稿让我看，并嘱我为之写序。我想到，读一个人的书，先了解写书的人，这可能是许多读者的兴趣。下面，我写一写我所了解和理解的一岩。

一岩是《华商报》心理学专栏的记者和编辑，也是一位心理咨询师。近10来年，国内心理学培训很是蓬勃，参加者纷纭，有想做心理咨询师的，有追求个人成长或希望提升个人素养的，也有其实是为了寻求心理疗愈的。据我所知，一岩接受的培训可谓多矣，各家各派，包揽无余。这说明她是一个不断学习、不断进步的人，"得陇望蜀，不餍求得"。在国内接受过诸多训练之后，有一天一岩打电话对我说，她想到国外去学习心理学，并说自己想研修一个心理学博士学位。

这让我想起我在30多岁的时候，迷恋上心理咨询，一心想出国接受系统心理学教育。那年，我辞掉厦门大学教职，出国读书。在修完心理学与辅导硕士之后，因为当时妻子与孩子不能去美国，我只好放弃继续修读心理学博士学位而回国了。此后一些年，我一边做心理咨询实践，一边寻找机会去完成心理学博士课程。有一年，我被联合国际大学录取，修读临床心理学博士，后因在直面机构忙于心理咨询，顾不过来，再次中断。后来，我到富勒心理学院去做访问学者，在那里驻修一年。再后来我又去赛布鲁克大学修读存在—人本—超个人心理学博士学位课程，又因为工作太忙，妻子生病，学业难以为继。我方才知道，人生到了这个时期，年轻时候的梦早已消逝了。我在从事心理咨询的过程中，有一个很有意思的发现：许多症状的背后都有一种很强的补偿欲求，它来自过去遭受的某一种剥夺或错失在内心留下的"空缺"，它有强大的动机作用，会在暗中驱使一个人不顾现实去追求一个久远的、早已不合时宜的梦想。

这是我个人的情况。对于一岩来说，她还年轻，如果想出去修读心理学博士，当然可以。从另一方面来看，如果一岩觉得现在要做的事情更重要，读心理学博士的事也是可以放下的。我个人觉得，一岩现在的工作更重要，甚至可以说，她正在为中国心理咨询事业做着许多人做不了的贡献。

前面说过，一岩是个热情且行动力极强的人。她想到的事情，以为对的，就会立刻去做，带着巨大的热忱去做。据我猜想，如果她在做的过程中发现错了，又会立刻改正过来，重新去做，保持同样的热忱去做。

想到一岩，我会想到最近读到的一句话：那些疯狂到以为自己可以改变世界的人，后来真的成了改变世界的人。一岩就是这样一个人。让那些四平八稳的人去活得四平八稳吧，反正一岩是要有所不同的。为了她所认同的东西，一岩会"豁出去的"。她会登高呼喊，哪怕应者寥寥；她会失衡，但也会重新调整，再度获得平衡。一岩身上可能有一些不确定的东西，但这正是她的动力。举例来说吧，在最近一些年，中国心理咨询与治疗领域乱象丛生，甚至，真正的心理咨询会受到误解和压制。作为一个专业的媒体人和心理咨询师，一岩意识到自己的责任，她出来说话，也邀请一些人通过媒体说话，让一些被忽略、被压抑的声音发出来，让社会上更多的人听到。这是一岩比许多人更能做到也做得更好的地方，这产生了好的社会影响。这些是她对中国心理咨询领域的贡献。

一岩具有很强的感染力，她不仅自己去做该做的事，还激励别人去做该做的事，我就时时受到她的激励。前不久，我受邀去英国参加在伦敦举办的世界存在主义心理治疗大会（World Congress for Existential Therapy）。回来之后，我接到一岩的电话和来信，她告诉我，自己是一位存在分析取向的心理咨询师，并且解释说："在我12年的心理学受训经历中，我接受过精神分析、完形治疗、家庭结构治疗、正念训练、存在—人本心理学以及荣格分析心理学等各流派的学习，但最终我确定以存在分析取向的治疗模式作为我个人的咨询风格。究其原因，首先，我被存在心理学所秉承的存在主义哲学内涵深深吸引（主要是针对人的认识）；其次，通过这么多年的个人学习和实践，我认为，目前，存在主义心理学是最适合疗愈当下正在经历转型的中国人心理问题的治疗方法。"

过去一些年里，我结识了一批美国存在—人本心理学领域的专家学者，并且穿针引线，促成他们与国内一些大学与心理机构合作，在中国举办存在主义心理学国际大会、研讨会、工作坊、课程。一岩也认识了其中一些存在—人本心理治疗学家，包括克雷格（Erik Craig），霍夫曼（Louis Hoffman），施奈德（Kirk Schneider），杨吉膺（Mark Yang），塞琳（Ilene Serlin），罗宾（Shawn Rubin）等。一岩称，"存在心理学之所以在国内传播"，其中有我的贡献。我后来又认识了欧洲存在治疗领域的几位重要代表，如斯泼内利（Ernesto Spinelli）、德意珍

（Emmy Van Deurzen）等。一岩便激励我："真心希望王老师牵线，能将施奈德、斯泼内利、德意珍这些一流的存在主义心理学家邀请到国内举办工作坊，如果有这个可能，我会尽自己所能协助您的工作。"

我所看到的一岩，是一个真诚的、有勇气的人。她敢于承担，敢于宣称，说别人不敢说的话，做别人不敢做的事。我常讲到直面，一岩才是一个具有直面精神的人。

一岩的这本书，最让我佩服的是，说出了一些不大相同的却是很重要的声音，很值得去倾听的声音，这声音跟诊断性质的治疗不大相关，但跟生命的疗愈最为契合，希望读者会跟我有同样的感受。

感谢一岩让这样的声音发出来，被人听到！

王学富

南京直面心理咨询研究所所长

美国心理协会人本主义心理学会"夏洛蒂和卡尔·彪勒奖"获得者

推荐序二

敬畏中的收获

本书是一岩以采访形式完成的别具一格的心理学著作。作为资深的专栏记者以及专业的心理咨询师，一岩在书中融合与发挥了两者的优势。借助访谈，作者深入于抑郁的黑暗，直面焦虑的痛苦，问诊时代的心病，追求心灵的救赎；在爱与不爱之间，试图去理解婚姻的意义；相遇真实的生活，反思爱与治愈，探索教育与自由，寻找真正的幸福，考虑如何面对死亡。

一岩说："我是一个悲观的乐观主义者，所以，这本书的最后篇章是《直视死亡》。"在作者看来，"当我们经历对于生的努力与挣扎后，我们能坦然面对生命最后的黯淡"。这是一种态度，已具超然的态度，使我想到荣格在其传记《回忆·梦·思考》的最后，借用老子的话表达了这样一种对生与死的理解：当老子说"俗人昭昭，我独若昏"的时候，他所表达的就是我此时的实际感受。老子有其超然的洞察力，他看到并体验到了价值与无价值，而且在其生命行将结束之际希望复归其本来的存在，复归到那永恒的、不可知的意义……

我很喜欢荣格的这段表白以及其所引用的老子章句，因其具有那种面对死亡，依然"惚兮其若海，恍兮若无所止"的感觉。

或许，这已触及本书的主题。

书中大部分受访者是我所熟悉的，如默里·斯坦因（Murray Stein），他曾担任国际分析心理学会（IAAP）主席；茹思·安曼（Ruth Ammann），她曾担任国际沙盘游戏治疗学会（ISST）主席。他们也是我的同事与朋友。尽管作者将其尊称为"大师"，但实际上也都是普通随和的人，如我们每一位读者，都是人生心理与意义的探索者。荣格之分析心理学的核心，也包括其分析性心理治疗的根本目的，是一种对"自性化"（individuation）的追求。所谓自性化，在我看来，便是成为我们自己，成为我们各自本来的自己。也如老子所说："知人者智，自知者明。"

一岩说："（这部书）是我进入心理学领域 10 余年来，个人探索学习与咨询实践的完整记录，是给我所从事的助人事业献上的一份深深的敬畏。"我想，在这敬畏之中，始有收获，即这部著作之成书出版。或许，我们也会用同样的敬畏，来面对我们可能的失去，来面对我们的未知。

申荷永

华南师范大学、澳门城市大学心理学教授、博士生导师

国际分析心理学会（IAAP）心理分析师

国际沙盘游戏治疗学会（ISST）心理治疗师

东方心理分析研究院院长

推荐序三

寻找发现的旅程

当代中国社会在经历了改革开放 30 多年的经济快速发展之后，已进入中高速发展阶段，并且有望再经历二三十年的发展，跻身世界经济强国之行列。然而，作为重点研究道德教育和心理健康教育的心理学家，我在高校工作 30 多年，在为我国经济社会快速发展、国人生活水平显著提高而深感欣慰的同时，我也经常扪心自问并和学生们一起讨论：虽然我们的经济发展了，但我们的道德水平和心理健康水平是否也同样可以达到与我们经济相一致的程度？我得到的答案常常是否定的。

毋庸讳言，当代中国社会在思想、文化、道德和价值观念等方面正处在多元、多样、多变的时代，而且这种"三多"时代的特征在短时间内不会有大的改变。多元、多样、多变的时代会对人的心理造成巨大的冲击。人类数百万年生物演化的历史告诉我们：人类和其他生物一样，只有在和平、舒缓、安全的环境中生活，其心理才会健康；在遇到外部威胁或生存压力时，所有的生物都会表现出一定程度的心理问题。

回望当代中国社会的心理现实，我们不难看到的是这样一幅幅图景：激烈的社会竞争使很多人既担心找不到工作，又担心失去工作；既担心给别人留下不好的印象，又会对那些我们喜欢或不喜欢的人指手画脚；家庭生活不顺意时，妻子可能会对丈夫唠叨责备，丈夫可能会责骂孩子；还有一些人，求助无门时也会把对社会的不满和怨恨发泄到周围的同伴或同学身上，对他人施加令人发指的虐待甚至残酷暴行。而凡此种种心理问题的背后，既与家庭和学校教育的失当有关，也影射出社会整体价值观的沦陷。

社会的心理现实必将造就个体的存在焦虑和压力，在这个快速发展的时代，人该如何面对自己的内心感受？可以说，这种关于存在的诘问似乎已成为当今时代人们心头的隐痛。令人欣慰的是，这本《爱与不爱之间：国际心理学大师访谈录》，可能会为解答我们的诘问提供有益的思想启示。

本书的作者既是一位资深的心理学专栏主持和主笔，又是一位运用存在—人本治疗方法从事心理咨询的专业人士，通过对一个个鲜活的社会新闻事件的心理分析，再加上对一些知名的国际心理学大师的采访，作者细致、清晰、大胆地揭示出诸多社会问题背后隐含的心理意义。

首先，本书在体例上是可读而又有传播价值的，尤其是对那些有这方面心理需要的人，它所展现的是一种帮助人们如何面对真实生活的视野。而对那些在当下遇到问题还不善于寻求心理帮助的人来说，这本书无疑又是一剂自求的良药。在我看来，这本书之所以具有这样的双重意义，与作者既是报刊心理专栏主笔，同时又是临床心理咨询师的双重身份密不可分。专业的学养和敏锐的职业观察，使得作者能够对大众认为繁复的心理问题做出一个清晰的梳理，让很多人透过现象看到本质。

老实讲，当我收到作者这本书的样稿时，我很惊讶，作者竟能用心采访到很多国际上极具影响力的心理学家，而成文时又不是单一枯燥的采访。最可贵的是，书中提供的解决问题的方法，是通过案例、访谈和咨询师自己的实践经验得出的。这种整合性表达的能力，看似容易，实际上很需要专业领域的涵养和超强的文字转化能力。本书中有几位著名的国际心理学家我都相当熟悉，我深知他们都有比较深厚的学养和心理咨询、治疗的实践经验，而作者能够在采访中细腻、准确地把握他们的思想，这种能力令人叹服。我非常欣喜地看到，一代年轻的心理学工作者正在热忱而自觉地担负起国内心理健康咨询业传播和实践的工作。尤其是像作者这样的，同时兼具传播素养和咨询师身份的从业者，他们勇敢尝试和创新的勇气以及他们的专业修养是值得肯定的。

最后，我真诚地希望这本书是国内心理学健康事业推广、普及的开始而不是收尾。在经济、物质生活越来越发达的当下中国，我们一定有兴趣通过阅读像这样的书，不断完善自己的人生，寻获健康的生命态度。

看本书的样稿，也引发我对自己从事了30年的精神分析、存在—人本主义和道德教育心理学研究的诸多感悟。所以，当我有幸受邀为作者的这本书和另外一本关于心理治疗的著作作序时，我欣然应允，因为我知道，所有的推荐都必须为阅读到它们的人负责。

是为序。

杨韶刚
广东外语外贸大学心理学教授、博士生导师
广东外语外贸大学南国商学院心理健康研究所所长
中国心理学会社会心理学专业委员会委员
中国心理学会理论心理学与心理学史专业委员会委员

自序

与大师的智慧相遇

我很欣慰,这本《在爱与不爱之间:国际心理学大师访谈录》能与我的另外一本心理书《花园里的荆棘》同时出版。诚如我在后者的出版序言里所写的那样,这两本书对我个人而言有着不同寻常的意义,它们是我进入心理学领域10余年来,个人探索学习与咨询实践的完全记录,是给我所从事的助人事业献上的一份深深的敬畏。

从体例上来看,这两本书有很大的差异:前者关注的是社会的心理问题,后者关注的是个体的心理问题。但对于我来说,我更愿意作这样一种理解,那就是,个体的心理问题最终会构成社会整体的心理问题,而社会整体的心理问题始终会影响个体的心理问题。

由于职业的原因以及专栏的需要,我会进入一些社会公共新闻事件中,以心理学的眼光深入事实。这是在这本书中,你看到很多故事的原因,它们不单单属于私人范畴,它们更属于社会范畴,因为它们是新闻事件,曾经以公共参与评述的方式进入大众的视野。不过,在这里我做了一种转换,当我发现有很多公共事件的生成背后都有着相同的心理成因时,我对它们进行了总结归纳,这就是你看到的,有一些故事,有一些人,它们能自然呈现在某种心理话语场域中，并显露出它们自身的特征。

这本书的另外一个亮点，就是那些被我一一访谈到的国内外著名的心理学家。他们当中有些人是享誉国际的心理学大师，还有些是我进入心理学领域后长期跟随学习的心理学导师，这也是我深感庆幸的地方。可以说，我的心理学学习始终没有跟当下时代的心理问题脱节过。我在咨询室碰到个体的心理问题，当我走出咨询室进入社会公共事件中时，我看到，个体不被重视和关切的心理问题，在经过伪装后是怎样以一种具有破坏力的方式，渗透在他们与人、与社会的互动关系中。所以，当我与这些心理学大师对谈时，我整合了个体心理与社会心理所需的诸多问题，就是希望读这本书的人在非心理学专业领域也能获得一种阅读理解。虽然，书中的访谈内容很多都没有跳出专业的讨论，但我相信，因为有了书中那些我们极为熟悉的社会心理事件、个体心理事件作为铺垫，阅读也一定不会有多大障碍。

另外，我个人的深刻体验是：每个人都具有理解心理学的潜质，这个潜质形成的深层原因是，我们每个人的内在都有想要"成为自己"的意愿。而我相信，个体所具有的这种智慧，不仅会突破周围环境带给我们的固有选择，也会引领我们超越自身的局限，达至心灵深处互为通融的境域。

对于我来说，能够采访到诸多外国心理学大师，也是我人生中极为幸运和喜悦的经历。他们当中，有一些人已经不可能再来中国，而我能用纤薄的文字记录下他们，对我来说有着双重的意义：一是让更多的人了解他们所代表的心理学流派的智慧；其次，在我个人的生命中，我曾与他们相遇。

在过去很长一段时间，我对于心理学的学习与个人分析，完全是为了解决个人难以名状的来自生命最深层的抑郁和孤独。直到有一天，这种探索的经验，涌现为一种强大的动力，它促使我最终成为一名存在分析取向的心理咨询师。同时，我最大的幸运就在于，从事至今的媒体心理学专栏写作是我非常喜欢的工作，它让我的生活具有了更多的一致性。

总体上，我是一个悲观的乐观主义者。所以，这本书的最后篇章是"直视死亡"。我一直觉得，我们在那么多层面讨论的如何更好存在的问题，最终都必须回落在，当我们经历过生的努力与挣扎后，如何坦然面对生命最后的黯淡。

我非常喜欢申荷永老师的一句话，他说"心理学是一种生活方式"。有时候，智者的一句话就可能为我们揭示出我们苦苦寻求的答案，我当然也希望读到这本书的人能够得到这样的收获。毕竟，能以自己的智慧与他人的智慧相遇乃人生一大幸事！

是为序。

一岩

2015 年 4 月

目 录

第一章 我们这个时代的"心病"

我们已经到了"有病"的境地 …………………………………………… 3
默里·斯坦因：只有心灵的"道"才能恢复我们内心的宁静 ………… 8
【访谈手记】重建心灵的秩序 …………………………………………… 12

第二章 婚姻是如何伤到我们的

我们这个时代的婚姻 …………………………………………………… 17
约翰·贝曼：不同的家庭塑造不同的人 ……………………………… 25
【访谈手记】爱在那里，因为你还有疼痛的感觉 …………………… 34
【附】深度解析：家庭"灭门案" ……………………………………… 36

第三章 抑郁，真实的黑暗

三个抑郁症患者的故事 ………………………………………………… 43
王学富：症状的背后，需要理解与接纳 ……………………………… 49
【访谈手记】生命的实相就是不断与困难相处 ……………………… 55

第四章　管理你的焦虑

人会以自己的方式伤害最亲的人······59
杨吉膺：花些时间体验和理解你的焦虑······62
【访谈手记】感受焦虑的核心是感受自己······66

第五章　没有完美的爱

在爱与不爱之间······69
南希·麦克威廉斯：忽视，是对一个人最大的伤害······81
【访谈手记】治疗是人与人面对的艺术······84
罗宾·华尔沙：让生活回归到接纳的状态中来······86
【访谈手记】不接纳如何前行？······89

第六章　心灵可以自我救赎

三个汶川孩子的故事······93
申荷永：学习心理学是一种生活态度······101
【访谈手记】幸好有心理学······104

第七章　与真实的生活相遇

生活在城市······109
乔·卡巴金：以正念的生活方式面对压力······114
【访谈手记】活在当下的能力，你有多少？······118

【附】练习呼吸，就能"在当下"——解读"正念"的练习方法·········· 119
三位存在—人本主义心理学家对"挑战性经历"的阐释················ 121
【访谈手记】培养你的"在场感"································ 128

第八章　爱能治愈

孤儿的心灵需要陪伴·· 133
茹思·安曼：情绪、情感体验对每一个人都是重要的·················· 137
【访谈手记】作为咨询师的存在···································· 139

第九章　教育的终极目的是获取心灵自由

痛失儿子的爸爸·· 143
耶普·斯鲁伊特：教育就是解放心灵································ 149
【访谈手记】父母要做教育的觉醒者································ 157
【附】深度解析：移动的学校···································· 158

第十章　寻找幸福

幸福在哪里？·· 173
艾瑞克·克雷格：幸福是不能被娱乐化的···························· 175
【访谈手记】不为追求幸福的存在································ 181

第十一章　直视死亡

直视死亡……………………………………………………………… 185
陈维樑：生者更要学会面对死亡………………………………… 190
【访谈手记】预见死亡，拥抱死亡………………………………… 193

后　记 ……………………………………………………………… 195

第一章

一些心理问题的产生，与人对自己愿望无法达成而产生的自虐态度有关。或者，套用哲学家罗素的话，除了社会系统的问题和无可避免的个人灾难之外，日常生活中绝大部分的快乐与不快乐，都是由我们对世界的解释和行为习惯导致的。

我们这个时代的"心病"

我们已经到了"有病"的境地

李强是西安一所医院的外科大夫。和所有有洁癖的人一样，李强也会为在公共洗手间洗手的问题烦恼，因为"冲洗完手后，关闭水龙头开关又会把手弄脏"。后来，李强发明了一个办法，"洗手前先洗水龙头开关"，这样，当他洗完手再去关开关时，就不会觉得"手被弄脏了"。

22岁的大学生苏霖在临近大学毕业时，内心每天都很抓狂，"像无处可以躲避的猫"。大学四年，苏霖永远躲在热闹的背后，习惯了独来独往，对于他来说，甚至连课堂上的公共讨论都是上刑场。在宿舍里，同学之间稍带批评的谈话就会无意间伤及苏霖的自尊。他最怕看到面前有人窃窃私语，"仿佛是在议论自己，说自己的坏话"。而在大学里，像苏霖这样，还没有毕业走向社会就已经对人生提不起兴趣的大学生大有人在。

几年前，一位网名叫"走饭"的女大学生以一种调侃的态度发微博："我有抑郁症，所以去死一死，没什么原因。"后来，这个女孩选择了在自己的宿舍里自杀。

不知何时，网络上开始流行"正能量"和"负能量"这样的词，以概括和应对我们这个时代各种心理问题泛滥的现状。

放在20世纪50年代，如果你敢在公共场合说自己"心理有问题"，你一定是精神病医院的重点评估对象。可是今天，几乎所有人都不避讳在公共场合说"我觉得自己心理有问题"。台湾著名的漫画大家朱德庸甚至出版了一本叫作《大家都有病》的漫画书。

显而易见，我们这个时代，"心病"正在成为主调。

"心病"与自我期待有关

"亚健康"这个词正被用以描述当下人的心理状况。"如果今天一个人告诉你，他的内心很健康，也许他才是真正有问题的那个。"心理咨询师史爱萍说。

六年前，史爱萍是侨居英国的一名华人心理执业师，后来她随英籍丈夫来到上海。她英语流畅，在上海，她进入一家也能为外国人提供心理咨询的诊所工作。

与国人最大的不同是，外国人即使是遇到夫妻吵架这样的小事无法排遣时也会去看心理医生，而国内的同胞"病入膏肓了才会来"。

她曾经接待过一名30多岁的成年男子。这名男子一直怀疑自己的妈妈在加害自己，他幻想过各种各样的场景，直到他仍旧完好地来看心理医生。一开始，史爱萍很后悔接了这样的个案——如果这名男子患有迫害妄想症，这就应该是属于精神科医师的事情，但她仍然耐心地听完他的讲述。

后来，与自己的预估大相径庭的是，当这名男子讲完自己的种种猜测之后，连他自己也意识到，他的妈妈并没有加害他的意思，否则，咨询师根本没有机会听他讲述自己的故事。

原来，这名男子一直对妈妈在年轻时选择离开懦弱的父亲心存怨恨，他一直希望有一天妈妈能向父亲道歉，而这样的事情是无论如何也不会发生的。所以，他开始在内心编撰妈妈是"坏女人"的故事。而实际上，他真正想要表达的是对妈妈的愤怒。

"你会发现，人会在头脑中臆想一些事情，当这些事情没有发生时，人会回过来损害自己。"史爱萍说。

这样看来，一些心理问题的产生，与人对自己愿望无法达成而产生的自虐态度有关。或者，套用哲学家罗素的话，除了社会系统的问题和无可避免的个人灾难之外，日常生活中绝大部分的快乐与不快乐，都是由我们对世界的解释和行为习惯导致的。

可为什么你对世界的解释和别人对世界的解释是不一样的？或者直接点说，为什么不同态度会直接导致不同的行为？就比如，同样的半杯水，有人看见杯子里的水，有人只看见半个杯子是空的。前者是愿意接纳现实的人，后者是无法满足自我期待的人。

要命的完美情结

很多人都能够接受一种观点，"心病"最大的症结就是态度。

不过，这样的谈论当然只是停留在比较浅层的意识状态中，心理学家更关注那些已经严重影响到一个人正常生活的行为。在20世纪30年代，美国著名的女精神分析师霍妮写了一本书，叫作《我们时代的神经症人格》，其中提到躁狂、强迫和抑郁等症状已经成为一个时代最主要的社会特征。

56岁的张洁做的是传媒产业。在过去的两年，她至少聘用过三个副总。已经离职的三位副总，除了一位是被解聘的，其他两位都是自行离职，原因之一，都是无法忍受张洁暴躁的性格和过于完美的苛刻要求。

"明明也知道自己性格不够好，但怎么个改法？"人事上的频繁变动无疑会影响到企业的发展，张洁也知道自己在处事上存在一些问题，"无法耐心听别人解释，尤其是当一些事情没有按预期达成时"。其实她最大的问题是自己的"强迫性思维"，比如，如果一个员工没有在她要求的时间内完成策划方案，她一定会将这种行为定性为"自己没有被尊重"。所以，她总爱发火。

还有就是她的完美倾向。在家中，厨房和卫生间必须保持整齐干净，高标准已经让她屡次为找不到合适的保姆大伤脑筋。这样一来，很多事情她必须亲自做，一个字，"累"——老板做得越大，人越累。

躁狂+强迫，有时候，张洁明白自己的心理症结在哪儿，"很想找个心理医生聊聊"，但又拉不下那个脸。周围人都知道她是个事业有成的女人，她无论如何也不愿意让别人看到她的瑕疵。

自杀，只为了感觉"痛"

毫无疑问，轻度的躁狂和强迫也许与当下现实——人正以飞快的速度进入物质主义联系紧密。在西方，很多心理学家经过研究发现，社会物质主义的极度膨胀恰与一些人的轻度躁狂和完美主义密不可分，因为扭曲的现实往往给了一些人想象和创意的空间。

而单就内心世界对人生活的影响来说，最大的杀手其实不是焦虑，也不是躁狂和强迫，而是抑郁。

美国心理学家大卫·霍金斯用了30年时间研究人的意识如何运作。他发现，恐惧、愤怒、焦虑、内疚、喜悦、感恩、抑郁、宁静等十余种意识状态均以一种能量的形式存在，他也因此发展出"意识能量层级图"。在霍金斯的意识能量图级中，抑郁的能量级数处在非常弱的层面，意志消沉和勇气丧失是处在这一层级人的性格共性。

焦虑、躁狂和强迫的轻度症状会促使人不断创造一些新东西，而抑郁之人，内心已基本丧失创造的勇气，以无知觉和麻木的状态躲在黑暗的角落里。

史爱萍接待过一位抑郁症患者，这位年轻的男孩喜欢用小刀划破自己的手背。当咨询师小心翼翼地询问他是否有自杀倾向时，这名男孩的回答是否定的，而时常地划破手背只是为了感觉"痛"。因为，对于抑郁者来说，他们不仅在内心相信世界已经永远抛弃了自己，就连自我认同也基本是以一种微弱的信号存在的，这一点与自恋者恰好相反。

作为一名咨询师，史爱萍一直想验证自己的猜测，她一直觉得那些选择自杀的抑郁症患者，并不是无法容忍黑暗的内心世界，而是想用自杀的方式摆脱被麻木控制的感觉。

日本曾经是抑郁症患者数量排在全球首位的国家。而今，中国患有抑郁症的人数远远超过了日本，仅从每年死于自杀的人数就能看出这一点。

青年艺术家马良创作有一幅名为《骑兔子的堂吉诃德》的画，荒原中，曾经的勇士堂吉诃德只能骑在一只眼圈发红的兔子身上。兔子硕大的体形与骨瘦如柴的勇士形成鲜明的比对。马良以此表达现代文明对人类灵魂丧失的决定性冲击，他大声疾呼："我要在平庸无奇的回忆里，做一个闪闪发光的神经病。"艺术的夸张直指这个时代，心理疾病已无可救药地袭来。

一岩简析：

当下的中国人正遭遇着"心病"的袭击，而这个实实在在的社会问题，目前并没有被放置于一个公共的话语体系中而被足够重视。所以，个体需要以自我探索的方式寻找出路。

默里·斯坦因：只有心灵的"道"才能恢复我们内心的宁静

默里·斯坦因（Murray Stein）：国际分析心理学会前任主席，国际著名的荣格分析学家，其著作《变形：自性的显现》是荣格分析心理学派人士必读的书。

2013年10月11日，在中国海洋大学召开的第六届"心理分析与中国文化国际论坛"上，70多岁的默里·斯坦因如期而至。青岛的海风吹得他白发纷飞，默里和他认识的中国心理学家热情地打招呼，他时而与一些人拥抱，时而与一些人握手，这个快乐的老头熟悉中国人的各种见面礼仪。

1994年，作为国际心理分析学会秘书长的默里·斯坦因第一次造访中国。那时，心理学在中国刚刚起步，大多数人还不知道心理学是什么，心理咨询行业更鲜有人涉足。在1998年的第一届"心理分析与中国文化国际论坛"上，默里作为国际心理分析学会的主席，带着30多名西方心理学家出现，那时，参会的中国心理学家还没他带来的人多。

而在2013年的这一天，默里上台致辞，当看着台下黑压压数不过来的人头时，这个头发花白的老头笑了："大家终于想要了解自己文化的智慧了。"

被忽略的心灵

一岩：中国心理学的发展刚刚起步，中国人似乎才刚刚觉察到内心世界的建设比外在的获取更重要,你很早就以西方心理学家的身份来到中国,你怎么看当下中国人面临的心理困境?

默里·斯坦因:关于"困境",我想说的是,并不只是在中国人们才面临"困境",世界上每一个国家的人都会面临心理困境,这是工业文明催生的结果。物质的过度占有,技术的急速发展,人因为对于外在世界的无法掌控,会觉得自身所具有的东西越来越少,而内心升起的焦虑、躁狂和强迫等倾向又将我们的生活引入另一个极端,一个越来越远离自己灵魂的极端。

一岩:中国人可能会说,离自己的真实内心越来越远了。

默里·斯坦因:是的,我想表达的正是这个。荣格的《红皮书》很多人都非常熟悉,我知道它的中文译本也出版了。在这次会议上,中西方的心理学家谈论最多的除了《易经》就是《红皮书》了。我相信,对于中国的心理学爱好者,《红皮书》的阅读也一定充满冒险,因为,这是一本讲述迷失的心灵如何回归的书。在书中,虽然主角是荣格,但他又代表着每一个人,任何一个需要抛下"时代精神"(在这里指社会的功利价值观),踏上寻找"精神深度"旅程的人。

一岩:时下的人们经常说一句话,"生活太累",我们可否运用荣格心理学去解读这句话背后深层的心理需求?

默里·斯坦因:我喜欢你这个问题。"生活太累"这句话,看起来是物质生活为我们制造了压力,但深入进去,你会发现,这完全是我们忽视灵魂(心灵)需要的另一种表达。我了解到,中国文化中有很多要求人们努力克制的部分,但又有过多鼓舞人们向外追寻的部分。这些文化中的要求吸纳了我们过多的注意力,破坏了我们内在的平静,所以,你会看到,一些人总是忙碌不止,所以他会说:"看啊,人活着多么累。"

心灵究竟需要什么

一岩：那么，心灵究竟需要什么？

默里·斯坦因：也许，你应该这样问我——什么样的生活才是符合心灵的生活。我想，简单的表达是，当我们能卸下人格面具，内心没有分裂时，就是在进入一种心灵的生活。实现这个，正是研习深度心理学的目的。不过在这里，我们也能够借用你们中国文化"道家"的思想来进一步说明什么是符合心灵的生活。

一岩：我们可能忽略了我们自身文化中蕴含的心理元素。

默里·斯坦因：这正是荣格了不起的地方，在他发展的心理学中，有很多思想与《易经》、老子思想相吻合，经过整合后用于心理治疗。关于这一点，

我想引用一个"求雨者"的故事。在中国古代一个村子里，已经很久不下雨了，人们请来一位智者，让他向上天求雨。看到村子里的人们一片混乱，智者提出在村子边上要一间安静的茅屋居住，不让任何人打扰。第三天，果然下起了雨，村子里的人问智者是如何做到的，智者说自己只做了一件事情，就是当看到村子里的人生活失去秩序，人们已经心神不定时，他先平定自己内心的不安，获取宁静与和谐，进而影响到自己所处的环境，有了这样合乎自然的心境与状态，雨自然就会来。

一岩：这真是一个意味深长的故事。它是否在讲，人内心的"累"与"病"和我们自身已经被破坏的宁静与和谐有关，而心灵的生活就是恢复我们内在的宁静与和谐？

默里·斯坦因：我想，中国人应该比西方人更能理解这一点。"求雨者"的故事是经常被西方心理学家引用的故事。

一岩：这样的体验过程耐人寻味，不过您作为世界知名的心理学家，我仍旧想问您一个看起来很实际的问题——我们如何才能达到心灵的那种境界？

默里·斯坦因：在我看来，首先，我们必须发展出心灵的力量，就是要让你内在天生的智慧发声。你要开放你的智慧，她才会告诉你如何活出你的独特性和完整性。其次，我要特别提到我们面对阴影的勇气。阴影通常是我们无意识未知的层面，心理疾病的症状总会对应一个具体的阴影，面对它意味着我们要进入自己内在的黑暗和恐惧，但是你若有面对自己阴影的勇气，你的心灵就获取了一种非常积极的力量，这种力量会指引你恢复"道"的秩序与和谐，也就是我们真实的心灵境界。

一岩：在本次论坛会议上由您带来的《红皮书》演出中，我也看到，就连荣格先生也要面对自己内心的阴影。

默里·斯坦因：是的，我们所有人的阴影并非一种消极的存在，能觉察和意识到阴影本身，就已经包含积极的意义了，当然这也是心理学最重要的议题之一。

一岩： 再次感谢您从东方文化的角度让我们了解到心理学的意义。

【访谈手记】

重建心灵的秩序

作为一位西方心理学家，默里·斯坦因深爱着中国的道家文化，这一点可能是荣格心理学派心理学家的主要取向。透过默里，我们会清晰地看到，心理问题的产生源自于心灵中巨大的冲突，从心理动力学的角度看，也即意味着人内在的能量失去了平衡。在这个无法量化和看见的心理过程中，我们只能靠想象来建构心理的场域，并象征性地完成重构。

受文化和社会变迁的影响，当时代过度跃入物质至上的崇拜时，我们才发现，我们对待心灵的态度是贫乏而粗暴的。以为物质占有得越多越具有掌控力的心态是我们这个时代的"病症"，这样的价值观也将个体推入一种迷茫的状态，从而导致个体的"心病"万象丛生。

个体的"心病"最终发展为我们这个时代的"心病"，是人对自我丧失控制力的集体焦虑反应。所以透过《我们这个时代的"心病"》，我们需要问一个问题：人为什么需要控制才能感受到自己的意义？

控制的背后有失望，有自我期待的无法满足，有对意义追寻的挫败感。在热衷于分析所有原因的背后，我们忘记了，心灵寻找答案的前提是：心灵必须学会在沉静中等待答案。这正是默里·斯坦因，这位很有东方道家风骨的心理学大师带给我们的启示。因为，在默里·斯坦因那里，"道"才是是统领心灵能量的真理。

心理的能量虽然看不见却可以真切地感受到，默里·斯坦因认为，个体完全可以通过感受"心病"的方式，进行自我疗愈，但在这个过程中，个体必须有勇气直面自己的阴影。

每一个人都不可能不携带阴影生活，阴影是个体在意识中努力驱逐的部分，但意识却无法驱逐阴影，因为意识有时候根本不知道自己正在被阴影支配着行动。心理学的治愈不是驱逐阴影而是让阴影浮现于意识中，这样，心灵便象征性地实现了一种能量的流动与守恒。默里关于"求雨者"的故事所诠释的正是这一点：除了心灵悟道，我们还有更好的针对心理问题的良药吗？

当不断修订的《婚姻法》一步步趋向以财产为重心的价值裁决时，更多的人相信，婚姻的长久必离不开物质的保障。在这样的价值驱动下，婚姻本身已成为问题，更别说去解决婚姻问题。

第二章

婚姻是如何伤到我们的

我们这个时代的婚姻

根据民政部门统计的数据，中国离婚率已连续几年呈递增状态，每天都有无数个家庭面临解体，向来推崇"家和万事兴"的中国家庭，正遭遇着以往任何时代都未曾遭遇过的婚姻动荡和冲击。

尽管有学者称，家庭离婚率的上升反映了社会发展与时代进步给个人带来的选择和自由空间，是对个体存在的尊重。然而更多的因离婚而产生的持续负面社会效应，却使得心理学者希望从人性根本的焦虑、孤独、分裂以及无力感等维度来解决这一问题。

婚姻成为不确定的事情

在 MSIC[①]组织分支——西安你我健康服务中心，24岁的冯清清[②]坐在二楼一个小角落输着液体。窗外喧哗的街道和二楼的安静让她情绪越发低落。她的头顶上方，晶莹的液体滴得很快，再过一个多小时，她就要进手术室了，一种叫作"无痛人流"的小手术会让她在麻醉中和她生命的一小部分分离。虽然丝毫感受不到肉体的疼痛，但冯清清却异常难过。她说自己的灵魂似乎已不存在，

[①] MSIC 即玛丽斯特普国际组织中国代表处，是一个公共卫生领域的非营利性公益组织，正式成立于2000年。玛丽斯特普国际组织（MSI）是一个总部位于英国，致力于向基层群众提供优质的性与生殖健康宣传教育与服务的公益组织。

[②] 本文案例中当事人的姓名全部为化名。

那是比肉体所能感知的痛还要痛的意识。

在她和男友同居的两年多时间里，冯清清已经是第二次来到这个安静的小诊所堕胎。她的男友，一个言语不多的男孩在与她一墙之隔的大厅里专注地用手机上网。冯清清说，当她看见男友这个样子时，愤怒油然而生："我不会和他结婚的。"

这个已经有过一次堕胎经历的八〇后女孩对婚姻充满极度的失望和恐惧。她说跟自己关系最好的小姨在多年前就已经离婚，自己的父母每天吵吵闹闹也就差去办一纸公文。"看看我男友现在的这个样子，我能指望和他结婚一起生活吗？"

这次怀孕，男友一句"谁让你不小心"的指责让冯清清陷入绝望，而之前，她甚至能原谅男友对于生活的退缩和悲观。虽然男友从未否认过自己的爱，"但他从未兴奋地告诉我，我们结婚吧！"冯清清说，没有勇气的婚姻注定失败，她早看清了这一点，她说以后会随便找个人嫁了，"完成一个契约过程，给家里人看"。

与此同时，冯清清的一位闺中密友也把一段充满伤痛的"契约过程"展示给了冯清清。闺密在新婚6个月后发现自己的丈夫竟然仍然和前女友亲密往来，于是在结婚8个月后断然离婚，并毫不怜惜地小产掉已足5个月的孩子。愤恨之余，闺密传授给冯清清一句最实务的"婚姻名言"：男人没有一个是可信任的，若想要婚姻，一定要找一个非常爱你的男人，你爱不爱他无所谓，这样才能确保尊严、确保婚姻的忠贞。

并未真正涉足婚姻的冯清清对于"婚姻的尊严"感受并不深刻，她说自己真切的感受是畏惧和怀疑："真的还有所谓的爱吗？如果有，那会是怎样一种形式？"

这个八〇后的女孩从谈到"爱"时就一直在哭，手里的纸巾换了一张又一张。两年前，她和男友在一起也是她的选择，她想过要和他结婚，但当真正决定要结婚时，一切又变得那么不同。

早已离婚的小姨以长者的经验告诉她，依她现在男友的条件，结婚即意味着离婚，"婚姻是要和经济挂钩的事"。除此之外，闺密婚姻的失败让她也不由自主地怀疑男人是否可信。其实这些也并不能真正妨碍冯清清决定和谁结婚，她最难过的是，在第二次面临堕胎时，她的男友竟然没有勇气对她说："留住孩子，让我们一起生活。"

更多的时候，冯清清宁愿相信根本没有爱这回事。她的父母一辈子都在相互指责和抱怨，而当她逃离家庭决定寻找自己的爱时，遇到的却是一个根本无法承担爱的男人。冯清清甚至开始嘲弄自己："我还能指望再遇到一个好男人吗？谁会真正去爱一个婚前就已经有过两次堕胎经历的女人？"

冯清清说，她无法逃避这样自我否定的声音，她的周围总是充斥着对爱的戏谑和否定。她单位的女主管，一位漂亮的八〇后女孩，在男友提出分手后，不仅开始频繁更换男友，甚至和比自己年长近30岁的老板同居在一起，而更让冯清清不解的是，这个只比自己年长两岁的女孩从不隐瞒自己的堕胎经历。"千万不要相信爱，更不要相信婚姻有什么好结果！"冯清清说，每当听到自己的同龄人这样讲，她就有一种窒息的感觉。

离婚的主旋律：难以相处

著名的家庭治疗师李维榕在其《为家庭疗伤》一书中如是写道："在感情的国度里，变，是必然的现象。奇怪的是，我们在面对情变时，总是觉得突然，总是觉得日月无光，总是觉得被对方出卖。其实，真正出卖我们的是自己的执着。"

实际上，这段对当下国人情变、婚变的真实写照并未引起处在婚姻关系中的人们心理上的足够重视。当不断修订的《婚姻法》一步步趋向以财产为重心的价值裁决时，更多的人相信，婚姻的长久必离不开物质的保障。在这样的价值驱动下，婚姻本身已成为问题，更别说去解决婚姻问题。

也有社会学者指出，当下公共媒体所呈现的"速配""当面对质"等文化形态，从某种意义上也致使处在婚姻中的人们误以为婚姻就是个问题，而忽略了人能够解决问题的这一社会本能。

笔者曾无意间看到一档电视节目，未离婚的妻子、丈夫和新女友三者当面对质，主持人夹在中间不断制造矛盾话题。结果整台节目就是妻子和丈夫新女友的唾沫星大战,男人夹在中间像个冷漠的看客。最后,当妻子冷不丁转向丈夫质问,"你是哑巴,是看客吗?"丈夫答道:"你难道忘了我们在几十年的婚姻里一直都是这么冷漠吗?你要我说什么?"

美国著名的存在主义心理学家罗洛·梅曾深刻地表达过冷漠对于人际关系的破坏:"如果冷漠和麻木不仁是我们今天出现的占统治地位的气氛,我们即不难在更深的层次上理解,爱何以变得如此困难。"

然而,如今冷漠却成为维系婚姻最主要的纽带之一。在中国,目前八〇后离婚率居于首位,生于 20 世纪 70 年代的人们则以冷漠逃避着婚姻的考验。

从事 IT 业的 42 岁的吴宇征之所以没有选择离婚,是因为他仍旧顾及自己"好男人"的形象,他说:"不知道会不会继续坚持下去,难道长久的婚姻只能靠凑合和硬撑才能维持吗?"

吴宇征说,很多人,尤其是女人总愿意将失败的婚姻归结为"第三者的闯入",实际上,"没有一个家庭中的男人或女人愿意邀请第三者闯入,在婚外情的背后隐藏的是家庭共同价值观的丧失,这种丧失很容易将人推入孤独的境地,在这种状况下,人大概很难抗拒外界的引诱"。

结婚仅仅几年,吴宇征就明显感觉到他和妻子能在精神层面共享的东西越来越少。从起初的为购物、教育孩子、赡养双方父母等问题争吵,到现在自己和妻子几近"相敬如'冰'"的关系,虽然不再有争执,也不再去烦恼以前妻子对自己女同事打来电话的怀疑和猜测,却分明感觉到"家成了空壳,没有了热度"。

唯有面对孩子时,他和妻子才会有说话的兴奋度,"但肯定是说不了多久就会争执,索性不说"。

吴宇征说他最好的感觉就是在恋爱时,对一些事,他和妻子轻而易举就能达成共识,即使妻子不懂他的想法,也能倾听,"等到结婚后真正生活在一起时才发现,我们对彼此都没有想象中的耐心,是我们当初了解不够还是因为人都在变?如果婚姻的实质就是两个人在一起不停地争吵,这样的婚姻还有什么意义?"

当婚姻真正坠入琐碎杂事中时,"不能相处,成了当代人离婚的主要理由之一",李维榕这样总结道。

如果我们愿意接触真实的自己

实际上，十几年前，一首流行歌曲中"相爱总是简单，相处太难"的唱词早以一种直白的方式告诉人们：婚姻中的相处是一种质量更高的相处。

"婚姻被琐碎杂事瓦解只是一个表象，隐藏其下的是缺乏对自己的认识，"38岁的李薇丽说，两次失败的婚姻让她开始真正审视自己，"人总是以为了解别人很容易，而实际上我们都是通过自己的经验了解别人。"

这个在周围人眼里好强、精明的成功女人从一个卖化妆品的小职员起步，靠着自己一路打拼，现在已成为一家美容连锁店的老总。但事业的成功并没有让她体验到生活的成功。

30岁时，当她发现曾和自己一起度过最艰难时光的丈夫竟然和女职员有染时，她毫不犹豫选择了离婚。"那时除了愤怒，什么都不想，只想让前夫快点消失。现在回想起来，那样断然的决定更多的是为了逞强，隐藏自己的失败感。"

两年后，李薇丽再次结婚，她刻意为自己挑选的这个丈夫不仅没有离过婚，而且脾气好，事事都依着李薇丽。可是李薇丽万万没有想到，就在去年，自己生第二个孩子时竟发现丈夫已经私下和一个与自己年龄相仿的女人往来近两年了。

"我哪里不好，为你和孩子创造了那么优越的生活，你还要那样？"当李薇丽质问丈夫时，她做梦也想不到，平时从不顶撞自己的丈夫只冷冷地丢下一句"我在这个家根本就没有位置，像你的物品"，便再也不肯回来住。

这次婚变，使得一向强势的李薇丽狠狠生了一场大病。难道自己就这么没有吸引力吗？她那么漂亮能干，却总是无法为自己赢得完满的婚姻。

在心理咨询师那里，李薇丽才发觉，其实自己多年来一直把对第一个丈夫的怨恨带进第二次婚姻，使得自己和现任丈夫相处时总是控制多过关心、命令多过沟通，而更要命的是，她一直不愿意对任何人呈现自己的脆弱，她说，就是这样才隔离了她的爱。

李薇丽说，很多人以为婚姻中的自尊就是要维护自己的强硬，"这和自尊完全是两回事。两次失败的婚姻告诉我，不肯承认自己脆弱和不足的人，永远不可能期待好的婚姻。高度的亲密感是两个人可以彼此呈现自己的脆弱，在这个意义上，婚姻是一种更高质量的相处。"

从一开始的亲密到后来的习惯性的掩盖焦虑和畏惧，婚姻中的伴侣究竟发生了什么？弗洛伊德早已经为我们揭示了这样一个奥秘：人通常并不了解别人，而是以一种投射的形象来建立关系，爱情即是一种最为典型的投射。处在恋爱关系中的人只看到伴侣身上自己认同的形象，这种假象在共同生活后化为泡沫，一些人接纳了伴侣的真实，而更多的人则选择自我保护以否认幻象的破灭。

正是由于自我保护的习惯使然，大多数人相信坦露脆弱和真实的自我是一件极不安全的做法。也难有人相信：当我们内在的伤害、嫉妒、恨意甚至是鄙俗一并呈现的时候，我们还能被自己的伴侣接纳。

婚姻需要自我开放

"所以一些在婚姻关系里的人宁愿在自己的内心筑起一堵高墙以对抗自己面对真实的恐惧和担心，这样的做法虽然能够暂时获得某种安全感，实质上却将处在婚姻关系里的男人和女人推向不同的方向。"长期从事婚姻家庭心理辅导工作的陈一筠博士认为，婚姻中的冷漠和争执均是双方不愿沟通的结果，也是双方不愿接纳自我脆弱的体现。婚姻中若缺乏脆弱，关系就只是角色和行为，人不可能真正认识对方。

"脆弱的本质就是放下自我防御，"陈一筠说，"为什么当婚姻有问题时，伴侣之间时常会感觉到对方的虚伪，这其实是伴侣双方防御机制过强的表现，当很多人试图避免与自己的真实感受接触时，有时候并不知道自己在做什么，这也是很多婚姻在即将解体时，人们总是以一种极端的手段来解决问题的原因之一。"

人本主义心理学家罗杰斯将这种"愿意放下自我防御，呈现脆弱"的品性称之为"自我开放"，"当我们越向自己的真实和他人的真实开放时，就越不可能有一种要去安排一切的冲动……当我们逐渐变得不再匆忙布局、设定目标、塑造他人、控制他人时，我们就更加满足于做自己，同时也让他人做自己"。

而在保持患难婚姻的观点上，哲学家和心理学家阐述的观点几乎同出一脉，就连一生从未涉足婚姻的德国哲学家尼采也提出：不幸的婚姻不是缺乏爱情，而是缺乏友谊。人无疑都喜欢和愿意敞开自己心扉的人做朋友。

娱乐界名人杨澜也曾在一些公共场合表达过自己对于婚姻类似的理解：婚姻双方像朋友那样相处，在某些事情上保持相对的独立，允许对方保留个性，并允许自嘲和善意玩笑的存在而不必时刻武装自己，非得事事分出高下你我，这样的关系，对于朝夕相处的伴侣不仅不会乏味，还会是一种必要的心理补偿。

2009年5月，由美国皮克斯动画工作室拍摄的动画片《飞屋环游记》至今仍打动着观看过此片的人们。这部片子讲述了78岁的老人卡尔为了信守对爱妻的承诺，带着他与妻子艾莉共同打造的房屋一飞冲天的动人故事，其精彩之处并不在于影片的3D效果，而恰恰是影片开头讲述卡尔夫妇共度温暖人生的画面，有影迷这样评价："这个世界上最有价值、最打动人心的并非物质、效率、奇迹、进步这些虚幻的概念，而是每个人、每个家庭的生活和每段人生的意义。"

在物质渠道丰富的当下社会，婚姻在某种意义上正考验着人使用资源创造意义的能力，这种能力，哲学家和社会心理学家更乐意称之为"爱的能力"。在现实中，越来越多的人也开始相信，倘若在自我认知的成功里并不包含婚姻的幸福，人生也终究不会感到幸福，婚姻恰好不是一些人所认为的"爱的坟墓"，而是一种使爱走向成熟的能力。

"爱在过去一向被视为一种原动力，一种我们可以依靠它推动我们的人生前进的力量。但在今天，这种原动力本身已经成为问题。爱已经成为它自身的一个难题。"多年前，哲学家罗洛·梅在自己最重要的作品《爱与意志》中似乎早已预测到，如果社会的发展使得人们必须靠技术、物质才能够实现爱，人们所面临的必将是爱的萎缩，而婚姻，这个承载爱的躯壳也将面临空洞的现实。

尽管如此，"人生的价值就在于面对时代的压力，通过对个人问题的解答，去解释永恒人类的新意义"。罗洛·梅说，人最终会发现，人具有无可比拟的自我改变和爱的勇气。而当下的一些乐观者则更乐意这样表述：问题不是问题，解决问题才是问题。

从这个意义上来讲，婚姻又何尝不是考验人类解决问题最实际和最丰富的途径呢？

一岩简析：

在当下的时代，想要维系稳固而长久的婚姻并不是件容易的事情。这让我想起某位心理学家说过的话，大意是，物质生活的改善延续了我们的生命，但我们对爱的体验时间却在缩短。婚姻的解体与很多人误把激情当作爱有关，激情是攻击性的侵入，它不是爱本身，它只是爱的副产品，由激情引发的爱意不会持久。个体富有创造性的工作才是爱一直在那里的基础，而婚姻就建构在这个基础上。婚姻是考验，是个体与自己的一场关于爱的马拉松挑战。

约翰·贝曼：不同的家庭塑造不同的人

约翰·贝曼（John Banmen）：国际家庭治疗联合会董事，享誉全球的加拿大籍心理治疗师、心理学博士、作家，曾在哥伦比亚大学工作多年，现在许多个国家开展萨提亚家庭治疗①教学和辅导工作。

国际心理治疗大师约翰·贝曼博士每年有近 3 个月的时间在北京、上海、广州等内地城市定期开展关于家庭治疗的教学和心理辅导工作，在他的教学课堂和工作坊里，有心理咨询师、社工、医院的精神科大夫和诸多寻求自我成长的人。

1993 年，约翰·贝曼博士被广州医科大学邀请来培训精神科医师，那是他第一次来中国，当他用"萨提亚家庭治疗模式"治疗一个抑郁症患者时，精神科医生都感觉很诧异。"那个时候的精神科医生都开药，他们用精神分析治疗病人和有问题的家庭，要花很长的时间，而约翰·贝曼博士用很短的时间就处理好了一些家庭病状。"上海同济大学心理学博士刘翠莲是最早接触约翰·贝曼博士的国内心理学专业人士，她对这个外国人如何治疗中国家庭问题充满了好奇。

初到中国，约翰·贝曼博士发现，"中国人很重视家庭，家庭中的很多成

---

① 萨提亚家庭治疗模式由美国著名的家庭治疗师萨提亚女士创立，这种心理治疗模式最大的特点是，着重提高个人的自尊、改善其人际沟通能力，帮助人活出自我价值感。约翰·贝曼博士是萨提亚女士生前的好友及同事。

员都住在一起，有的甚至是三代同堂，表面上大家庭其乐融融，实际上一些成员内心孤独、矛盾重重，这样的家庭迟早会有问题产生"。他相信自己教授的萨提亚家庭治疗模式"一定是适合中国家庭的"。

1993 年，国内的心理治疗行业刚刚起步，很多家庭即使有问题，也很少有人能勇敢地正视，以隐性的方式存在的心理问题被人刻意掩藏，随之而来的是家庭成员人格精神上的障碍，初到中国的约翰·贝曼博士对自己那时面临的教学和辅导的对象记忆犹新，"基本上是精神科医师，心理咨询师很少见。"

那只是一次短暂的中国之行。此后的 10 年间，约翰没有再来中国，直到 2003 年，他去香港培训心理治疗师，发现中国经济发展得出奇的快，越来越多人的心理问题也渐渐浮出水面。"但有一点值得高兴，中国人开始关注内心的问题并想要解决问题了。"

从那以后，约翰·贝曼被频繁邀请到内地讲学，"解决家庭心理问题和帮助个体在家庭中更好地成长"成为他在中国教授"萨提亚家庭治疗模式"的主要使命。

2014 年 4 月 23 日，受邀于西安一家心理培训机构，贝曼博士第一次来到西安，他对西安的印象很好，当他飞到这么远的地方来教授"萨提亚家庭治疗模式"时，他自己也觉得有些不可思议。

他知道，西安是一座古老的城市，他喜欢的儒家和道家文化都能在西安找到深深的印迹。而实际上，在某种程度上，他一直觉得自己倾尽心力在中国传授的"萨提亚家庭治疗模式"与中国的儒家文化和道家文化是"兼容并蓄"的。"没有哪个心理学家是只懂得学习技术的，"贝曼博士说，"心理学也建立在不同的文化基础上。"

家庭最大的问题是成员之间缺乏有效沟通

一岩：2003 年至今，您每年有 3 个月在中国教授心理治疗，这个坚持对您来说意味着什么？

约翰：我应该是最早被引进中国的西方心理治疗师之一。在通常的概念里，人们会以为东西方文化有很大的差异，心理治疗也是这样。其实不然，1993年，我来到中国，在广州医科大学教学，发现那里的精神科医生还在用传统的精神分析治疗心理问题。那时我就想，中国的心理治疗师该用更好的方法治疗心理问题了。中国经济发展速度太快了，人的心理问题也越来越多，精神分析的治疗手段太落后，而且不太适合治疗家庭的问题。家庭是一个系统，而中国是个很重视家庭的国度，一个成员的问题就可能影响到整个家庭。所以，我2003年又来到中国，之后每年都来。中国是我见过的家庭问题最多的国家，所以我坚持花费更多的时间研究中国的家庭。

一岩：在你治疗过很多中国家庭之后，你发现最大的问题是什么？

约翰：我想最主要的问题是，家庭成员之间总是缺乏一种有效的沟通。虽然家庭中的每个成员都很渴望保持自己的个性，但你知道在这个过程当中，因为成员之间所采用的应对方式有问题，所以沟通总是显得很无效。大多数的家庭仍旧处在以"支配/服从"为特点的体系中，在沟通中，家庭成员的观点很容易非白即黑，这会直接导致一个结果，一开始想要的解决问题变成了纠结谁对谁错，谁服从谁的问题，家庭内部成员的关系不再灵活、开放。中国家庭的这个特点很明显。

一岩：您是怎么帮助这样的家庭解决问题的？

约翰：在回答你这个问题时我不得不使用一些心理学上的专业解释。首先我想说的是，每一个人都存在实现自我价值的渴望，而家庭中男人、女人在成为丈夫、妻子或者父亲、母亲之后很可能因为角色的转变而失去了对自己独特性的关注，实际上，每一个人还仍旧渴望保有自己的一份价值感。但很不幸，我们中的很多人会通过指责、讨好、打岔或者保持理智的方式来增强自我的现实感和价值感，总是以这种模式相处的家庭成员是不存在平等性的。如果一个家庭有改变相处关系的意愿，我会尝试让每一个成员看清楚自己的处事模式，过多的社会角色会让人忽视让自己改变的资源，人们看到问题时总是过多在意自己的感受，当不好的感受升起，人们会想，是那个人、那件事让我不快——但你知道，其实问题的制造者可能就是你自己，你却看不到这个——家庭成员都这样时，家庭就总是问题重重。

一岩：中国现在家庭的离婚率已经很高了，您一定也发现了这点。

约翰：是的，1993年我到中国时还不是这样，但我2003年到中国时，离婚的现象就很普遍了，现在问题更多。一个有趣的现象是，十几年前中国家庭找我，会让我帮助他们不离婚，但现在，你知道，一些夫妻来找我，通常丈夫会问我，我想离婚但她（妻子）不同意，怎么办？

一岩：您怎么做？

约翰：用中国话讲，我既不撮合他们也不强行拆散他们。我希望一个男人和他的妻子在有问题的关系里得到成长。实际上这个成长很简单，我让他们从以前熟知的关系模式里暂时出来，让他们感知关系的平等性，这个平等性就是当他们组建一个家庭时，他们既具有相似性又具有独特性，如果夫妻能包容地看待他们的相似性和独特性而不仅仅是希望对方和自己一致，家庭关系就是健康的。很多家庭最后解体，通常的理由都是"我们无法再沟通了，所以不能一起生活了"。如果你总持有这样的观点，下一段婚姻也不会好到哪里去。以上就是我说的婚姻关系里的成长，如果人们能看清楚这一点，每一个人都会对婚姻更负责任。

孩子：家庭问题的一面镜子

一岩：实际上，我发现在很多家庭，当孩子的问题成为一个焦点，继而这个家庭也会有问题。

约翰：这点我得纠正你，这是大多数人的一个误解。我的经验是，孩子有问题的前提大多是家庭中的夫妻关系有了很大的问题。有一位家庭主妇告诉我，她15岁的女儿进入了叛逆期，她们之间难以沟通，她女儿甚至不想去学校。你知道，这是一个表象。通常我不会直接去治疗孩子，我会问这位主妇，在家庭中她怎么和丈夫相处，这样问题就暴露了。原来她和丈夫的关系一直有问题，他们的女儿做了什么？他们的女儿会用一种他们不喜欢的对抗行为表达对爸爸妈妈关系的焦虑。现实中，很多有问题的夫妻都喜欢在孩子面前隐瞒自己的问题而不去想怎么解决问题，其实孩子非常聪明，孩子希望父母能真诚面对，孩子想做这个努力，但孩子通常不知道如何做，所以他们可能会用对抗的方式，比如抑郁、暴躁、拒绝听话、出走等等。

一岩：能这样理解吗，其实很多家庭中孩子的问题和夫妻关系有很大关系？

约翰：这也正是我想和你探讨的，就是家庭会塑造人。当一个男人和一个女人决定要结婚时，他们就应该清楚，他们还需要做一件伟大的事情，就是养育自己的孩子，使其成为一个积极健康的人。中国的家庭很有意思，夫妻总以为孩子很小时是不需要刻意关注的，这就是个误区。家庭从孩子一出生就在塑造他了，在家庭基本的三角关系里，孩子从父母身上学到有关安全、爱以及现有的家庭规条，孩子的自我价值感和独特本质是在很小的时候形成的而非长大以后。

一岩：这是否意味着，在家庭中，夫妻关系的好坏会影响孩子成为一个怎样的人？

约翰：这是一定的。孩子在父母相互的应对姿态中形成了自我身份辨别和价值感。打个比方，夫妻双方如果总以指责和争吵解决问题，孩子就不会有很强的自尊，也不会学会尊重自己和别人。在父母的应对姿态中，孩子同时也不会感觉到爱，这种创伤可能会导致其一生都没有安全感，并且会渴望被爱，因为他在自己的原生家庭中没有体验到爱。或者还有一种可能，有人会对被自己视作的爱充满控制，一旦失去，他可能会用一种极端的方式去挽留，这完全是他们的父母带来的影响，这也是我说的家庭塑造人。

一岩：我想这其中还会有一种可能性，就是在一些家庭中，夫妻看起来是没有什么大问题的，也能和睦相处，但孩子还是会有这样那样的问题。

约翰：真的是这样吗？我跟你说，在一些家庭中，夫妻起初是因为希望走到一起，可最终对彼此失望的情绪往往会扭曲现实中发生的一切——夫妻双方那些在彼此身上未能实现的梦想，可能会引发他们对自我的怀疑、冲突，有时是内部或者外部的暴力对话。你知道，当夫妻双方发现无法在对方身上实现自己的愿望时，孩子常常成为他们实现愿望的下一个目标。我们也许会将孩子当作另一片实验田，尝试完善我们并不完美的生活。

一岩：是的，在中国家庭最常见的是，父母总希望自己的孩子学习要很棒，很多家庭教育的问题都与此有关。

约翰：这真的很有趣。在中国，我看到的是，很多父母在自己小时候并不热衷于学习，甚至成绩很差，可是很奇怪，大多数的夫妻会期待孩子在学习上能够代替他们去实现一些梦想，他们对孩子的学习要求很高，因此他们对孩子很严厉、苛刻。可孩子会怎么做呢？为了不丢失父母的爱，他们或许信服或许反抗。但无论哪一种，成长的心里总是会呈现被扭曲的一面。

找到属于自己的位置

一岩：在与您这么深入地探讨有关夫妻关系以及家庭对于塑造人的重要性之后，我们也许更想知道，当一个家庭已经意识到有种种问题时，人们应该从哪着手解决？

约翰：这个问题我很喜欢，这是个大家都很关心的问题。我很不欣赏夫妻一有问题就以家庭解体为解决方式。婚姻其实没有现在人所想的那么脆弱，我相信大部分人是因为爱走到一起的。但后来发生了什么？为什么人们会对彼此说"我不再爱你了"——真的是这样吗？如果我说，婚姻并不仅仅是让你不再孤单，或者出于生理哺育的需要，你会怎么想？婚姻难道不是让人们在关系中更好地学会爱和更负责任地对待自己吗？

一岩：您是说，人们仍旧可以通过家庭来完善个人的成长？

约翰：我这么说吧，人就是通过家庭这个小环境来进一步完善自己的人格的。当一个男人和一个女人组建了家庭，也即意味着人们要创造和融入一些新的东西了。你知道，丈夫和妻子起初都是带着个人固有的价值观、原生家庭的规条，甚至是被压抑的伤痛而走到一起的。现在他们要共同生活了，丈夫和妻子就像彼此的镜子，他们能从对方身上看到自我。这时的问题是，一些负面能量的东西呈现了，但更多的时候人们不愿去正视这些负面能量，因为从小到大，这些能量一直以一种经验的方式黏附在每一个人身上。现在这些不再适合新家庭了，这意味着人必须检查自己的旧有模式。这将是一个挑战——面对新的情境，我如何变得更能接纳、融入其中和更富有爱心？这个问题涉及个人成长。

一岩：可我们大多数人的经验是，在家庭中如果我们不能固守自己以前的一些品质，我们可能会觉得家庭带给我们的不是自由而是约束。

约翰：真的是这样吗？还是当你进入家庭系统后，因为无法面对关系而产生自我怀疑和焦虑？这很好，怀疑和焦虑意味着你想改变，同时还有一个意义——你开始有一些觉察了，你对你之前的一些生命品质开始质疑了。比如一个总以指责让妻子和孩子屈从的丈夫，如果他不喜欢争吵，他就需要看一下自己的内在了。原来他有一个很不幸的童年，他在严厉暴躁的父亲那里永远得不到肯定，他的内心充满自卑，长大后他想让自己得到肯定，但他并没有学会如何爱与被爱，所以他通过令别人屈服来获得一些认同。如果他有觉察，他不会认为自己的那种状态是一种自由。

一岩：您举的这个例子具有普遍的现实意义，我最终想知道的是，处在家庭中的人们该如何做到既充满和谐而又不丧失自己的独特个性？

约翰：让每一个人找到属于自己的位置。以我这么多年家庭心理辅导的经验，我想告诉人们的是，人从自己原生家庭童年时代带来的旧有模式很容易限制一个成年人的人生态度。是的，从来都是消极事件带给人的记忆远远超过其对积极事件的觉察，人常常被消极体验所左右。我希望每一个人看清楚人生的这个限制，同时能够看到自身所具备的创造潜力——当你不喜欢自己现在的样子，改变从来都是可能的。家庭更是这样，希望每一个成员看到自身的局限并允许改变！尤其是夫妻，创造和改变意味着自己的孩子会有不一样的人格塑成。我们只有一个目的，就是让每一个人在家庭中找到属于自己的位置，这样，人才能发展出更强的自尊和价值感，家庭才可能走向和谐。

即使离婚，也应该是正向的

一岩：你如何看待中国目前离婚率持续增高的问题？

约翰·贝曼：在中国教授心理学的时间里，我有一个感受，我一直觉得中国正在经历一个穿越历史的过程。一方面，人们可以享受到更加丰富的物质，而另一个方面，由物质带来的感官享乐，使得人们越来越远离对心灵的关注。这是一个连锁反应，社会的价值观体系影响着家庭。家庭应该是一个怎样的地方呢？它应该是一个充满和谐、安全和双赢的地方，但很多家庭都不是这样。我看见现在的很多家庭都在朝另外一种方向走，社会的竞争也被带到了家里，一些人努力的方向是，看谁在家里说了算，这是一个非常不好的兆头。

一岩：的确，很多家庭也都存在这种情况。但让人不解的是，明知这样不对，很多人却无法控制自己。

约翰·贝曼：在很多情况下，大多数人都知道自己不想要什么，却不知道自己想要什么。在一个家庭中，伴侣彼此不喜欢这个，不喜欢那个，但他们却很难在一起共同探讨一下，我们如何创造一些共同喜欢和好的部分。如果没有这样的想法，成员之间就都会想要对方先改变。如果一个人总希望别人先改变，自己和环境才有所改变，这真的是很困难的。

一岩：那么，人又如何说服自己先改变呢？实际上，如果在家庭中能成功达到这个层面，离婚可能就不会是中国家庭最主要的问题了。

约翰·贝曼：所以，这又会涉及我前面所提到的，关于家庭功能的问题，而本着解决问题的心态（去解决问题）是家庭最重要的功能。萨提亚女士说："问题不是问题，解决问题才是问题。"只有为了解决问题，夫妻间才能够理解婚姻中的混乱时期，接纳这个混乱，接纳婚姻中出现的一些新东西，比如个体的恐惧、不安全、愤怒等等。但通常，有人会告诉对方，你不可以这样，你不可以那样，家成为不能包容问题的地方。要知道，家不只是拥有一间共同的房子，容忍问题，解决问题，才是家庭存在的实质。

一岩：能够形成包容的家庭，是否也意味着每个成员在心灵的层面需要极大的成长？

约翰·贝曼：这是一个终极目标，很宏大。一开始，我们不这样要求家庭中的成员，我们需要人们首先认同的是，对于家庭，夫妻必须有一种共识，要为家庭提供分享、支持和接纳的氛围，这就是中国文化里讲的"和谐"。有了这个和谐的基础，家庭成员才有可能接触到积极的正向的能量，这是相辅相成的。家庭也有这个功能，实质上，家庭是促进个人成长最好的地方，但如果你不允许问题存在，那就很糟糕。

一岩：通俗地讲，家庭成员的个人成长指什么呢？是每个人都能做自己吗？

约翰·贝曼：我们可以这样理解"成长"的含义。成长是指成员得学会对家庭进行情感的投注。也许你会问我，夫妻哪有不对家庭投注感情的？实际上，我认为很多人投注的不是情感而是信息和观点，而太多的信息和观点，让这些人总是停留在理性的谁更能主导家庭权力的分析上。比如父亲对孩子的关注，他惯用的模式可能永远是对孩子的事情——他并不关注孩子内心的情感，他关心孩子的分数，关心孩子在学校里表现得好不好，强不强。他以为自己是爱孩子的，实际上他的爱只停留在事情上。但情感的投注不是这样的，情感的投注是更关心事情背后，人的意义和价值。现在的中国家庭里，父亲陪伴孩子的时间越来越短，这更需要高质量的情感陪伴，这样才能在一定意义上弥补时间上的不够。夫妻也一样。夫妻间表达爱的方式各有不同，有人善用语言，有人以为对方付出为爱的表达。而实际上，情感的能量能够联结才算得上是高品质的相处，也许两人可以什么都不做，但仍旧能感受到爱的存在。

一岩：如果我们遵循这样的家庭法则，就能避免很多离婚的发生吗？

约翰·贝曼：我并不反对离婚。我教授"萨提亚家庭治疗"的最终目的还包括，即使是离婚，也能有一个好的预期。有很多离婚是破坏性的，尤其表现为对孩子的伤害，这非常不好。积极的离婚应该是对孩子有正向的影响，夫妻双方应该懂得保护好孩子的感受。让孩子理解父母之间因为无法处理差异化而分开的事实，这不代表彼此间应该相互攻击和伤害。把事情和人分开的态度，是一个好的离婚的前提，无论发生什么，人都是最重要的。

【访谈手记】

爱在那里，因为你还有疼痛的感觉

贝曼博士对《婚姻是如何伤到我们的》中谈及的中国女性轻易放弃对爱的

信任充满了好奇，当然，令他感到好奇的还有中国以财产分割为重心的《婚姻法》。在他看来，处在变革中的中国可能比世界上任何一个国家都需要心理学。试想，如果没有心理治疗，人会不会彻底将自己等同于物呢？当一个社会以制度化的方式呈现这种趋势时，人被异化在所难免。

不过，贝曼告诉我，就家庭和婚姻而言，世界上任何一个国家所面临的问题都不会有实质性的差异，《婚姻是如何伤到我们的》中，人们对爱、家庭、婚姻的态度也同时构成了整体心理文化的一部分。

我喜欢这个幽默而直爽的老头。记得我第一次见到贝曼博士是在2009年10月，在广州脑科医院，他作为一名人本主义心理学家，向医院的精神科大夫和社会心理学人士教授专业的萨提亚家庭治疗技术。在很多精神科大夫以往的受训经历中，精神病患者都是"病人"，用药是最合理和最快捷的治疗方式。当贝曼博士以心理关爱和共情的方式，对一名怀疑自己容貌不够好的神经症患者进行个案治疗演示时，当下就在几名精神科大夫中引起了轩然大波。"只有你们将眼前的病人当作是有自尊的人来看待，心理治疗才会是一件有价值的事情。"毫无疑问，西方基督教文明中的博爱思想，深刻影响着这位家庭治疗大师。"其实，仁爱的思想也深深扎根在你们东方的文明中。"贝曼对课堂里的人说。

作为一名心理学家，贝曼博士在年轻时曾持续保留着去印度旅行的嗜好。"当然，更主要是去那里，为心灵找到一个合适的冥想场所。"

是的，但凡持有人本治疗理念的心理学家，都非常看重个人心灵的体验，看重人与人之间竞争背后的无力与伤痛。当然，心理学家与常人不同的是，常人逃避这些存在于内心的真实感受，因为这一切均不符合社会对人的期待，但恰是这样的躲避更会造成人的无力与沮丧。心理学家引导人们尽可能地靠近自己的无力与沮丧，"因为改变的能量也在那里"。贝曼说，这个原理就像是，在男女情爱的关系里，当你越恨一个人时，其实是你越爱他，只有敢于接近自己痛恨的感觉，你才能发现自己的爱还在那里，"如果不是爱的力量，人们如何才能放下和转化自己的困境呢"？

【附】

深度解析：家庭"灭门案"

2011年11月23日，西安未央区辛家庙街道办广大门村新庄子的一幢民房内，40岁的男子马力在一场家庭纠纷中，以极其血腥的方式杀死了自己8岁的儿子、妻子、妻弟和岳母，随后自杀未遂，被警方送往医院抢救。

这是继这一年3月，咸阳兴平市店张街办东北村41岁的男子鲁牛娃杀死自己的妻子、女儿、妻妹及外甥女案之后陕西省内又一起令人震惊的凶残灭门案。

近几年来，因家庭纠纷引发的残杀亲人和自残的案例逐年增多，其核心原因直指家庭中的不良关系。

家庭中的危险

马力失去控制的凶杀是在被邻居们称之为"习以为常的争吵"中发生的，虽然有邻居听到了呼喊"救命"的声音，但出于中国人"自扫门前雪"的心理，加之这户新来的外地人家几乎整天都有争吵声，事情发生时，根本无人理会。直到看到二楼楼梯口倒在血泊中的两个女人，邻居才赶紧报警。

没有人知道为什么这个家庭中的不同成员会住在一起。案发前两个月，海南男子马力携带自己的妻子、儿子、妻弟、岳母一同来到西安租房子住。警方的大量走访表明，这是一个关系并不和谐的家庭，马力和妻子的争吵经常会引发其妻弟和岳母的直接参与，一场原本属于夫妻间的争执即刻成为"女方一派众多亲属直接攻击一个人"的复杂纠纷。

"马力灭门血案"发生后，与其租住同一楼层的一位男子甚至以一种惋惜和同情的口吻私下告诉取证的民警，凶杀者也是"被逼急了，妻子一家在争吵中的屡屡帮腔令马力丧失了理智"。

类似的纠纷也发生在"鲁牛娃灭门案"中。在咸阳市中级人民法院对鲁牛娃的审判过程中，当被问及"为什么杀你妻妹"时，鲁牛娃的回答是："我们夫妻吵架闹离婚，都是她从中挑拨的，我恨她。"

尽管我们无法确定行凶者所说的每一句话的真实性，但从另一个侧面，我们亦可看出，在以一对夫妻为主的核心家庭，亲属对于夫妻正常纠纷的参与有可能会为引发恶性的暴力事件埋下隐患。

2009年11月23日，北京大兴区黄村镇清澄名苑小区北区14号楼男子李磊持刀先后将妻子、妹妹、父亲、母亲和两个儿子杀害。

资料显示，在后来法庭对李磊长达数小时的审判中，凶犯仔细回顾了杀人的每一个细节，对于法庭"为什么要杀害自己的父母和妹妹"的质问，李磊供述的杀人动机令人惊诧——从小被父母严格管束，妹妹总在一旁帮腔。结婚后和妻子吵架，父母和妹妹总是帮着妻子教训他……感觉孤立无援的李磊终于举刀灭门。

不难看出，在马力、鲁牛娃和李磊的灭门案例中，均折射出这样一种被极度扭曲的冲突：一些并不在夫妻纠纷中的事件会因为亲属的"过度建议和出谋划策"而成为比正常的夫妻纠纷更为严重的矛盾触点。

而一个奇怪的现象却是，越是那些原本夫妻关系就存在问题的家庭，其双方亲属对于核心家庭纠纷的参与频次也越高，这直接导致夫妻双方中的一方会处于被动地位，而这些均为一些极端的家庭暴力事件升级埋下了隐患。

家庭是社会生活的基本单位，夫妻是家庭的核心，由一对夫妻和未婚子女构成的家庭被社会心理学称之为核心家庭。

研究表明，由一对夫妻构成的核心家庭是所有家庭构成形式中最为稳定的形式，核心越多，家庭成员间的关系越不稳定。

这并不是说，家庭成员的人数会直接影响家庭的稳定性，在陕西师范大学心理学院教授陈青萍看来，家庭成员对彼此交往关系度的把握既影响到核心家庭夫妻间的相处，亦关系到整个社会的和谐。

"内团体"分裂核心家庭

诚如伊朗新锐导演萨米拉所说："导致我们不自由的不是坏人，而是坏的关系。"

每一个人自降生起就毫无疑问地置身于各种关系之中。社会学学者更乐意这样去描述健康的家庭成员间的关系：距离过大会导致疏远，过于频繁接触又将导致矛盾增多，最理想的交往方式是，既保持适度的频次接触，又应有一定的人际距离。

在中国以提倡"仁"和"孝"为主体观念的社会意识形态中，单一的核心家庭存在形式并非主导，婚后的夫妻和自己的孩子通常会因为种种原因而选择与家族的其他成员合住。在这种特定情景下，家庭的内部构成往往会隐藏一种极不平衡的因素。

社会调查研究表明，在非常令人满意和稳定的夫妻关系中，平均每5天会发生一次冲突，而在不愉快的婚姻关系中，平均每天会发生一次冲突。

陈青萍认为，永远不发生争吵的家庭在现实中是不存在的，夫妻间在争执中学会理解、退让、包容，这是一个家庭趋向稳定的必经之路。而在一些特定情境下，一些亲属直接参与到夫妻的矛盾中，甚至有不良的挑唆，久而久之，便形成了一个敌对性趋向的"内团体"，偏袒维护某一方而横加指责另一方。这不仅起到了外在强化的作用，更激化了家庭矛盾，很容易导致一方情绪失控而杀人。

除了客观环境，陈青萍将灭门案的另一个重要原因归结为行凶者的性格。

"人们还应该看到一些共性，即一些灭门案中行凶的男性多是一些生活中的'内向者'，他们平时看起来正常甚至'老实'，但探究其深层的心理动机便会发现，他们在生活中都曾有过心理创伤，虽然他们暂时压抑了愤怒情绪却并没有将其消除，当他们再遭遇一些刺激性事件或在某种诱因下就会集中爆发，从而引发极端的暴力事件，最终导致杀之为快的灭门惨案。"陈青萍说。

据悉，北京大兴灭门案中的李磊性格内向，且一直处在一个被父母和妹妹横加指责的环境中；而兴平案中的鲁牛娃则是一个有过一次失败婚姻的男人；未央血案中，马力这个外地男子更给邻居们留下了"不怎么爱说话，却爱发火"的印象。

陈青萍称，若是想深度探究这些人性格形成的主要原因，毫无疑问，我们还需回到一个人小时候的成长环境中："家庭，确切地说，一个人的原生家庭，会决定一个人成人后应对这个世界的方式。"

家庭会伤人

在几乎所有涉及犯罪心理学的研究领域中，学者对于作案动机的分析最终的落脚点均会指向犯罪者幼年的成长环境。

那些一直生活在被父母指责否定、父母争吵不休，甚至有暴力的环境中的幼儿通常会有抑郁、孤僻、敏感、偏执、强迫、极度自卑等"缺陷人格"特征。

人格特征基本在0—6岁已基本完成，奥地利著名的精神分析学家阿德勒在自己的《人格哲学》中这样写道："当包含目标的早期人格原型形成时，人的方向就建立了，而个体就有了固定的倾向（也就是我们通常所说的性格），个体从那时起便落入由方向所建立起来的规则中了。"

中国心理学会临床与咨询心理学专业委员会委员叶斌博士称，成人其实是带着各自的人格特征在处理着与自己相关的各种关系。

"而那些人格有缺陷的人，大都活在以自我为中心的世界里，他们大都缺乏勇气、自信、共同感知，他们对于爱和自尊的理解基本是控制和占有，一旦无法得到，便宁将其毁掉，他们对于外在关系的理解基本是服从，对于那些不服从的人，他们唯一的应对方式就是暴力！"叶斌称，历数灭门案中的施暴者，基本是这样的情形。

"尤其是连带孩子一起毁掉的施暴者，极度自卑和没有勇气会让他们产生强烈的'我得不到'，'谁也别想得到'的自我满足。"

2011年11月19日，宝鸡一名曹姓男子用汽油严重烧伤自己还有4天就要过生日的女儿，以极度扭曲的方式威逼妻子不要离婚。

"无论是灭门案还是其他形式的犯罪，我们都应该让家庭看到早期环境对一个人人格形成的重要影响，父母应该努力为孩子营造民主、自我肯定和充满爱的成长环境。"

一岩简析：

近年来，家庭灭门血案频发，惨烈的程度令人难以想象，这应该引起社会心理学家的高度重视。透过惨案，我们也能看到那些施暴者破损的个体成长经历。写这篇深度的分析文章，是想提醒每一个家庭充分重视抚养孩子的重大意义。如果家庭伤害到了儿童，若干年之后，当它的影响波及至社会的公共场域，就可能以毁灭性的面孔出现。美国公共电视制作人约翰·布雷萧在《家庭会伤人》一书中，总结现代家庭给孩子带来伤害从而使其形成缺陷性格的主要方式包括：一、成人以自己能为孩子提供生存安全而迫使孩子认错；二、使用暴力确立自己的权威；三、对孩子的需求表现出蔑视；四、暗示孩子要为成人的愤怒负责任；五、告诉孩子爱是有条件的，够好才能得到爱；六、认为孩子不需要被尊重，理所当然地替孩子做主。

抑郁是一种情绪。我们无法消除自己最基本的情绪，我们要学习的智慧是：任何时候，我们都能和自己不断涌现的各种情绪相处，这是一种能力。

第三章

抑郁，真实的黑暗

三个抑郁症患者的故事

整夜他都在"斗争"

西安东郊的一家国企老家属院里，31岁的张佳明①身材高大却清瘦，因为长期不晒太阳，他的脸色苍白，缺乏生动。他的父亲早已退休，母亲一直在自家一楼开着一间简陋的小超市。大多数时候，这个家都显得很安静，张佳明房间的窗帘总是紧闭着，多年来他的眼睛已无法适应过强的光线。

偶尔，他的房间里，旧式的电脑也会在深夜发出"滋滋"的声音——那些夜晚，张佳明吃了药也不能入睡，电脑虽被打开，却一直定格在一个画面。张佳明坐在不开灯的房间里，有时，墙角的黑暗会化成一张张无形的大嘴向他袭来，他很想躲藏起来，但却不知道听从内心的哪个声音。整夜他都在"斗争"。

白天，张佳明总是在昏睡。每次发现他的房门被反锁时，母亲李锦梅总是很紧张，她会"咚咚"地敲门，并大声喊着张佳明的名字。这时，邻居们就知道张佳明的病又加重了。

张佳明患的是抑郁症，在张佳明得病的6年时间里，邻居们已很少见到张佳明出门。这个外表俊美的男孩在很多年前曾经谈过一个女朋友，在小区见到邻居时也会主动打招呼。忽然有一天，张佳明就不出门了，从此邻居们再也没见过那个曾被张佳明用电动摩托车带过的女孩。

6年前，张佳明大专毕业后在父亲的老厂子做一名库房管理员。一次，他

---

① 本文中人物姓名全部为化名。

弄错了出货单，被领导在大会上点名批评。"怎么会这样呢？"那件事过去之后，张佳明一直在家里人和同事面前重复着这句话。他一直是个与世无争且认真的人，他一直想不明白自己怎么会出错。后来，这样的情形越来越严重。

自从那次出错后，填错货单的事情就一而再，再而三地发生，错误越多张佳明越紧张。有时他看着货单直直地发愣，脑袋像灌满了泥浆，说不清是痛还是麻木。货单上，他一个字都没看清，直到同事提醒他，帮他一起完成工作。

他很难再专注地做什么，夜晚总是担心，有时半夜起来翻货单，发愣，整夜都不睡。想睡时，胸口却闷得透不上气，他总觉得有人要掐断自己的呼吸，天亮时，他整个人脸色煞白。

他无法再上班了。女朋友陪着他去医院看病，他早已忘了自己是怎样填完一大堆量表的。在一些烦琐的仪器测量结束后，张佳明被确诊为"抑郁症"。

在医院的精神科，张佳明看到一些无精打采的病人，他们坐在病床的窗户边久久地发愣，窗户四周是牢固的、铁制的栏杆，出入精神科的大门也是紧紧锁着的，只有医生手中的卡才能打开那些门。

他不能再骑着自己的电动摩托车和女朋友约会了。最终，他怀着极大的痛苦对自己的女友说："你不用再来了。"因为他看到了女友给自己同学发的短信，"他得了精神病"这句话深深地刺痛了他。

6年来，张佳明的症状时好时坏，一些白色的药片维持着他的睡眠和饮食。有时候他知道自己是谁，有时候他不知道自己是谁。家里来亲戚时，张佳明很痛苦，他被父母呼唤出来打招呼，他坐在沙发上，头低沉着，双手不知该放在哪里，长期的封闭，他已没有太多的言语。有时候他也想走出去，"但不行，"张佳明说，"他们不让。"

两年前，张佳明半夜在自己的房间撞破了自己的头，"他们叫我呢。"张佳明对60多岁的母亲说。现在只要一听张佳明说"他们"两个字，李锦梅就知道儿子的病"又加重了"。

6年来，这个家已经很少再有亲戚往来，张佳明的父亲原本话就少，自从儿子生病后，他也越发地沉默。"我们不想有人问起儿子的病，"李锦梅说，"不是怕没有面子，而是不想再和别人一遍又一遍地强调儿子有病。"

> **一岩简析：**
>
> 压力事件最容易让一个人陷入抑郁，这是不争的事实，但这里面我们需要反思的是：人们面对压力的反应为什么会有所不同？迎面而上是一种态度，退缩、认为自己真的不行也是一种态度。态度背后的心理成因更需要引起人们的关注。

没有比杀死自己更干脆的事情了

41岁的张梅一直很后悔。一年前，自己为何要做出一个让15岁的儿子涛涛来西安上重点高中的决定？就是那样一个单纯的、希望儿子"未来更好"的决定，毁掉了原本属于儿子的美好的少年时光。

15岁的涛涛原本是安康一所重点中学的初中生。初三时，涛涛一直排在年级前30名。张梅觉得，像儿子这样的成绩，他应该去省城西安更好的学校读高中，而且，自己和丈夫也有条件送儿子去更好的学校读书。

中考临近时，张梅替涛涛安排好了进西安某重点高中的入学考试。但涛涛很不愿意，他不想离开安康去西安读书，他已经和自己熟悉的几个同学约好一起去上安康的一所重点高中，其中还有一个他喜欢的女同学。

张梅的态度却很强硬，她一直觉得，小地方的教学质量怎么能和大城市相比？于是张梅去找涛涛的班主任谈话，她希望班主任能做涛涛的思想工作。班主任是和涛涛谈了，但同时，他也把这个消息在全班同学面前公布了。

就这样，涛涛被妈妈送去参加西安那所重点高中的招生考试。也不知是有意还是无意，涛涛在头一天参加物理考试时就迟到，物理卷子还没答完，交卷时间就到了。接下来的几门课，考完后涛涛就对妈妈说自己考得不行。

几个星期后，西安那所知名高中的成绩下来时，张梅傻眼了——涛涛的成绩很不好，根本够不上上线分数，全班都知道了涛涛没有考上西安的知名高中。涛涛也很沮丧，虽然他还在原来的学校读书，准备迎接正式的中考，但张梅明显地感觉儿子"注意力已经完全不在学习上了"。

起先是涛涛开始无法完成大量的家庭作业。张梅一开始并没有在意这个，她以为儿子是太累了，休息几天就好了，但没想到，情形越来越严重。好几次，张梅偷偷地推开儿子的房门时，都发现儿子坐在书桌前一动不动。

连老师也觉得涛涛"不对劲"了，上课不发言不说，还犯困，下课也不出教室，一整天，涛涛都是一副无精打采的样子。

可怕的事情还在后面。一个周一的早上，张梅硬是让赖在床上的涛涛去上学。谁知，还不到中午放学的时间，张梅就被老师的电话叫去了。原来，在数学课上，大家都在安静地写作业，同桌发现涛涛起初是自言自语，还没等提醒他，他突然又放声大笑起来，还骂着脏话。

涛涛的精神出现了问题。在被爸爸带去看医生的车站，涛涛逃开爸爸的视线离家出走了。第三天，他被发现躺在一户农家的石台阶上。

被找回的涛涛再也没有了笑容。老师、同学来看他时，他躲着不见；在姥姥的生日宴上，涛涛用桌上的西餐刀割自己的手腕。"除了说自己很心烦，他看起来一点都没有疼痛感。"张梅说。在儿子被确诊为抑郁症的那段时间，她和儿子的爸爸整夜对着头痛哭："心疼孩子，怪自己一手制造了孩子的不幸。"

"妈妈，我现在没法控制自己不去多想，同学们都在笑话我呢，我现在什么也做不了，没有比杀死自己更干脆的事情了。"暑假里，在自己喜欢的女同学探病走后，15岁的涛涛在墙上写道。

新学期开学时，涛涛被锁在自己的房间里。张梅不是有意这样做的，她觉得要是离开了房间，儿子随时都可能伤害他自己。每一天，涛涛都在服药，偶尔心情好一点时，涛涛会对爸爸妈妈说："我对不起你们。"

每次听到这句话，张梅都想哭，她觉得自己没能当好妈妈——"每一天都看着孩子受苦，心痛啊！"

一岩简析：

生活中有多少无知的父母，总是在以践踏孩子自尊的方式，将一个个鲜活的生命逼向黑暗的角落？这是需要警惕的，如果一个人在他最信赖的人那里都得不到应有的尊重，抑郁就是他最安全的栖息地。

抑郁，就像身上的瘤

对于 26 岁的李月来说，如果告诉别人，自杀的念头对于自己就像家常便饭一样频繁，常人根本无法理解，"但这的确是抑郁症患者真实的内心世界"。

李月是在 2009 年患上的抑郁症，那一年父亲去世，她和爱唠叨的母亲从此相依为命。要说，最可能抑郁的应该是母亲，但现实恰好相反。

父亲去世前，一直抱怨李月上学时没考上一个好大学，所以她只能在企业做普通的文案职员。但李月的表姐就不一样，从西安一所名校毕业后直接进了国企做中层干部。表姐虽然不是亲生女儿，但父亲却欣赏至极，从小学到大学，表姐一直是父亲拿来和李月比较的对象。表姐结婚、买房，父亲总是慷慨解囊；而李月呢，直到父亲去世她也还没找到理想的丈夫。

2008 年，父亲被查出肝癌晚期，李月虽然一直在父亲的病榻前奔忙，但父亲仍然对李月有诸多不满。2009 年上半年，父亲去世。过了几个星期，李月的抑郁症就发作了。从单位请了假后，她每天做的事情就是把自己深深陷在沙发里自言自语："为什么爸爸不爱我？如果我能像表姐一样出色，他是不是就爱我？"

一开始，母亲唠叨她"怎么就这么不上进"，直到有一天，整宿不睡的李月大声地朝她喊："我死了，你会怎么样？"母亲才害怕了。

那时的李月瘦得皮包骨头，从卧室走到卫生间，对她来说都是很煎熬的事情："你甚至很纠结，人为什么要上厕所呢？身体真是个累赘啊。"

表姐来看她时，她锁着门不见。表姐走了，母亲就在门外面哭，到最后她只有一个愿望，就是希望李月"能吃点东西，晚上睡一会儿"。可那时的李月，如果"还能自己决定吃饭、睡觉，就不叫得了抑郁症了"。

年底时，李月被表姐硬拉着去看心理门诊，医生说："这么严重了，也不早点来看。"

吃药虽然缓解了李月的自杀情绪，但在她头脑里，"一直都不好，活着干吗？"这个声音却挥之不去。母亲勤恳的身影从某种程度上成了挽留她活下去的理由。

一次，李月去卫生间，见母亲正佝偻着身体擦拐角的灰尘，够不着时，便索性跪在地上擦。那一刻，李月第一次用巴掌抽自己："你没理由活，你妈活着的理由是什么？"她问自己。

看心理医生是李月表姐硬拉着她去的，李月一共换过三个心理咨询师，她不太愿意讲太多自己的故事。直到她遇见第三个女咨询师——"她从不强迫我说话，也愿意以沉默相伴。"李月说，最终自己信任了她。

2010年底，李月辞了职，在东大街开了一家饰品店。在抑郁的症状得到缓解后，她选择"过自由一点的生活"。每个月，她仍旧定期去看心理医生，她说，其实一个人一旦进入抑郁，就像身上长了瘤，"不割掉它，你会很疼；但完全割掉它，你也许会流血致死。这就是抑郁症！"

一岩简析：

并不是所有的父母都懂得无条件爱自己的孩子，这导致亲情关系能滋养一个人的生命，同时也能够破坏一个人的生命。有些时候我们就是生活在一种无可奈何的境地，但这并不是没有办法改善。只要把父母的错轻轻放下就好，因为时光是不可逆转的，而我们还需要面对生活！

王学富：症状的背后，需要理解与接纳

> 王学富：南京直面心理咨询研究所所长、心理咨询专家。他是国内最早引进、推广存在—人本治疗的心理学人，第一届存在主义心理学国际大会的发起人。在结合本土心理文化的基础上，其独立发展出的"直面疗法"为拓宽存在心理学、人本心理学在国内的发展提供了极具借鉴意义的视野。

十几年前，当影星陈宝莲、张国荣因为抑郁症而自杀时，抑郁症便和"自杀"这个词紧紧捆绑在了一起。

在心理学的临床反应中，抑郁症一直被认为是由心境变化引发的一种持久低迷的情绪状态。患者虽然能够自我觉察到这一点，但会被自己的情绪所困，自卑、心烦、对一切失望、做起事来觉得没有意义，是抑郁症患者普遍具有的心境模式。

医学界最近的数据显示，在全球每年的自杀人数中，大部分是抑郁症患者。在成人中，10%~20%的人会在一生中患一次严重的抑郁症，抑郁症已成为世界第四大疾病。

而至今，生物医学也无法确定抑郁症的根源。虽然影像学提示，抑郁症患者的脑部的确有和常人不一样的地方，但抑郁症被明确定为一种心理疾病，是不争的事实。

美国积极心理学之父马丁·塞利格曼称抑郁症为"自我的失常"。在他看来，抑郁症的病发，除了与个人心境有关，与社会环境的影响也有千丝万缕的关系。塞利格曼认为，人总是要生活在意义和希望之中。意义的一个必要条件就是，它必须依附在比自我更强大的东西上，"而信仰下降、国家理想消失、家庭破裂，你去哪里找寻认同、人生的目的、希望？剩下的只是小小的、摇摇欲坠的自我"。

对此，王学富博士也深有感触："除了个人心理因素的影响，我们也绝不能剥开社会的因素去单纯看待抑郁症。"

作为一名存在—人本主义临床心理学家，他特别反感单纯地将抑郁症患者作为"病人"去治疗的做法。他认为："抑郁症人群恰是对自我追寻比较高的人群，需要被社会高度理解和接纳，而药物在很大层面却剔除了一个人的情感需要。"

抑郁症不是精神病，不应被社会隔绝

一岩：有数据统计，中国目前的抑郁症患者人数已经十分庞大，而其中只有5%~10%的人得到过治疗。大多数人都觉得抑郁症是必须要得到重视的心理疾病，但为何这种症状的治愈率却这样低？您怎么看待这种比例失衡？

王学富：社会对抑郁症一直有一个误解。大家以为，一个人得了抑郁症，就和精神疾病挂在了一起，就成了一般人所说的"神经病"了。我们知道，抑郁症其实是一种心理症状，属于神经症的类型，而不属于精神病的类型。但我们的社会有这个误解，这对抑郁症患者的治疗会是一个阻碍。

抑郁症和焦虑症、恐惧症、强迫症都属于神经症范畴。当我们有后面这几种症状时，大多数人不会觉得这些是精神病，但一谈到抑郁症，有些人就会以为是精神疾病了。这也难怪，过去的很多年里，看抑郁症的人都去精神病医院，精神科的大夫也没有那么多的精力为患者解释这些，这造成了当下人们对抑郁症很大的误解。甚至，精神疾病治疗体系也越来越把抑郁症归类于精神疾病的治疗范畴，基本上都采用药物治疗。

一岩：向人们一再澄清抑郁症属于心理范畴而不属于精神病的范畴，其意义何在？

王学富：如果患者认为自己是个精神病患者，并在精神病院里跟精神病人一起住院接受治疗，他就会慢慢地脱离社会。他不能参与工作、学业、社会交往，他的生活就会严重地萎缩，最后集中在一个非常单一狭小的范围内。一些抑郁症患者基本都是待在家里不出去的，其中有一个原因是，他认同了自己有精神病，他的生活就封闭起来了。

我有一个观点，如果你没有了生活，你就有了症状；如果你不能成为自己，你就成了病人。只有当你有了生活，你的症状才会慢慢消失。而现在对于抑郁症的治疗，基本是在按精神疾病治疗，最终，基本上是把患者与外界之间相关联的生活取消了，这是一个非常大的治疗误区。

一岩：这个误解也可能造成很多患者及家属碍于面子而妨碍心理治疗，中国人最不能接受别人说自己有"精神病"。

王学富：这个观点我是赞同的。我在治疗中也经常碰到这样的情形。往往是患者吃了很长时间的药，但还是控制不住想要自杀的念头，最后他们才会求助于心理治疗。因为吃药是很隐秘的事情，但做心理治疗有人就觉得会暴露什么，这个观念一直没有得到很好的扭转。

心灵的问题，药物不能解决

一岩：是的，在针对抑郁症治疗这个问题上，我们见到更多的还是关于药物的治疗。但为什么一些人服着药物，还会遏制不住自杀的想法？

王学富：回到前面，如果医学只是把抑郁症患者当作"病人"来看待，医生就只会注意一个人的症状，只会给对方开药，至于症状背后的根源，基本上是不大谈的——不和你谈社会原因，不和你谈家庭原因，不和你谈文化，不和你谈成长，不和你谈关系，不和你谈情感，不和你谈个人过去的经验和创伤……什么都不谈，只有你的症状和症状背后的那套诊断标准，你达到什么标准你就吃什么标准的药。这套诊断标准在美国最先进，但我们看到了，美国的精神病人越来越多，我们国内也很擅长用诊断标准对治抑郁症，用药很省事，也有巨大的利益链，但心灵的问题，是单纯用药物能解决的吗？

一岩：所以，社会有必要重新梳理一下治抑郁症单纯用药的观念。

王学富：不是有必要，而是必须。这一点要从患者周围人的认识上开始改变。我们都知道，有些抑郁症患者一开始是不会主动去求助于心理治疗的，但如果他们周围的人有这个意识，这种关怀就会成为患者本人朝好的方面发展的动力。虽然患者不会说出来，但周围的人在怎样看他，怎样对待他，却很重要。当他意识到人们对他的关心和尊重，而不是用异常的眼光看他，他的内心一定会经历一种变化，这个很关键。如果我们周围的环境只是让人感到自己是病人，那么人就只能看到自己的"病"。

环境要为个人提供足够的处理"人生丧失"的时间

一岩：心理治疗对于抑郁症，最主要的目的是从认知上改变一个人的态度吗？

王学富：你可以这样认为，但这只是治疗抑郁症的一个取向。实际上，能让一个抑郁症患者有所改变的，一不是单纯的药物，二不是单一的心理技术。也许有人要问，心理治疗师既然不用药，那他一定用的是心理技术。但实际上，最好的治疗师反倒是忽略技术的，他对生命有完全的关顾。从某种意义上说，心理治疗所提供的是一种包容、接纳和支持的环境。

举个例子，有一位抑郁症患者，有两年多的时间，他都无法去上班，他也在用药，但症状越来越严重。他来接受心理治疗。在咨询室，我们可以提供给求助者诉说、沉默、悲伤的空间。但你知道，社会有时候就不这样，对于我们面对的竞争，人人都说，你不应该浪费时间，你不应该这样，你应该那样。在生活中，这个求助者就是这样被对待的。两年前，他失去了父亲，他很难过，内心充满哀伤，想用长一点的时间处理自己的情绪。但环境不允许啊，大家说，你是长子，你不能长时间这么悲痛而不去承担责任，你可以难过两周、三周，但如果你三个月、六个月还在处理自己的这个"丧失"，就不对了，周围的环境就不赞同、不支持了。大家说他内心脆弱、不坚强，没有责任感。看看，这就是导致这个人抑郁的症结，他只想按自己的方式花点时间处理自己的内在情感，但社会不行，等不及，催他，强求他。他也认同了环境给他的这个结论，但内心的情感却跟不上，这时他就只能抑郁了。

一岩：是的，我也看到有些人在抑郁的初期还是能够进行一些社会活动的，但后来就不能了。似乎情况就是这样，当你情绪不够好时，要么休息，要么让情绪赶紧好起来工作，大家都不能容忍一个人花很长时间处理自己的情绪。

王学富：是的，我们都很想了解抑郁症究竟是什么，媒体也在花大力气让受众了解抑郁症。我想要表达的是，请社会的环境包容一些，给人们处理自己内在世界的时间再多一些，这样可能就会少发生一些心理层面的极端事件。我顺便提一下"人生丧失"。丧失每天都在发生，它可能是一个人、一笔财富，也可能是某件事情，如学习或工作机会。丧失会给人造成冲击，人们表达自己遭遇丧失的感受时，甚至需要有自己的仪式。环境要允许一个人这样做，这很关键，这是心灵在做自己认为有意义的事情；环境的过度不允许，就可能造成心灵的伤害。心理治疗提供的是这样的一种包容与支持，药物是无论如何也做不到这一点的。

抑郁有它积极的一面

一岩：抑郁让人害怕，但我们周围一些优秀的人也曾公布过自己曾有抑郁的倾向或者经历，而这些也成了他们值得珍惜的经验，如何理解"人人都有抑郁的一面"？

王学富：其实人人都有抑郁的情绪。有时候我会问来访者，你感到很害怕，很焦虑，是不是？他说是的。我又问，你很想消除恐惧和焦虑，是不是？他说是，很想消除焦虑。我说，如果我们有某种办法帮助你消除这个恐惧，对你来说会是一个什么结果？你是不是会变得更有勇气呢？我们都会以为是这样。其实，当一个人的恐惧完全消除以后，他就没有力量、没有动机了。我们无法消除自己最基本的情绪，抑郁也是一种情绪。我们要学习的智慧是和我们不断涌现的各种情绪相处，并且能够看到它们背后的意义，这是一种能力，这也是罗洛·梅体会到的"焦虑的意义"。我们都知道，思想深邃的哲学家、艺术家其实往往是一些悲观主义者，悲观里有一种深度，抑郁也能给人提供创造力。

一岩：您说"抑郁能提供创造力"，我们该如何使用这个创造力呢？

王学富：有位大家都很熟悉的心理学家叫作荣格。荣格说什么呢？他说了一句很棒的话，大意是，人不是靠想象光明才觉悟的，人是靠与黑暗相处而获得觉悟的。荣格还提出了一个概念，叫作"整合"，即要将正与反整合起来，而不是将所有不好的东西赶走，从而实现绝对的"干净"。事实上，一个好的整合状态才是一个自然的状态，就像大自然中并不是只生长着好的东西，而是孕育了一切好与不好的东西。不好的东西衬托了好，好的东西也需要不好，这才是自然，才是合理的存在。

为什么心理疾病的症状会造成人那么深的痛苦？因为人类有一个结，就是拒不接受负面的东西。这是个人和自己进行的一场战斗，是这场"战斗"把一些人带入了某些症状。尼采曾经说过一句话：不要和我们自己身上自然的东西作战。套用在抑郁症上就是，你不要总想着用药物剔除掉你的负面情绪，允许你那些好的感受、想法和不好的感受、想法在你的心理层面上呈现出来，让它们各得其所，这才是符合自然的事情，当你做不到时，治疗师能陪伴你一起做。

【访谈手记】

生命的实相就是不断与困难相处

存在—人本心理学非常强调一个人的存在感，认为人对生命意义的追寻，完全源自每一个人内在对感受自我的强烈意愿。在存在—人本心理学家眼中，一个人的心理症状并不是作为"病症"本身而存在的，它同时也肩负着要唤醒一个人重新思索存在的重任，而这个深远的意义只能由个体本身来完成。药物可以麻痹一个人使其回避问题，但问题不会消失，人完全可以凭借自身所具备的智慧和勇气，从根源上走出生命的困境，并将此作为自身存在的信条而遵循。

只要我们留心，《抑郁，真实的黑暗》中三个抑郁症患者的故事，每天都在我们熟知的人那里上演，而每一个人对待抑郁的态度都是不一样的，作为一种存在，他们的故事对旁人是有启发性的。从生命的本质看，每一个人生命深处都有一颗抑郁的"种子"，它甚至是构成我们完整生命的一部分。当我们携带着这颗"种子"生活时，不知何时到来的压力事件和创伤就会使这颗"种子"发芽，继而成长为覆盖我们整体人格的大树。重要的是，我们是认同它就是我们整体的人格，还是能够觉察，它是作为人格的一部分存在？抑郁让我们直面内心最痛苦的部分。

王学富是一位深受存在—人本心理学思想熏染的临床心理学家，在我们的访谈中，他能够以更为合理和人本的情怀看待抑郁的本质，也深刻地指出现代社会人们不能包容地看待抑郁症患者的顽疾所在，我相信这一点对所有人都是有益处的。

人不可能总是在单纯的环境中生活，人自诞生起就时刻面临着存在的各种困境，所以和困境相处是存在的实相所在。情绪作为困境的表达之一，是每一个人都无法逃脱的，唯有拥抱情绪才能转化情绪。而抑郁作为最难相处的情绪挑战着一个人拥抱事物的能力。在此，抑郁是黑暗，也是超越。

生活中只要有新的可能性浮现，焦虑就会在那里，焦虑与人的创造力和创新有着极为密切的关系。

第四章

管理你的焦虑

人会以自己的方式伤害最亲的人

52岁的白琳已经有七年没有和丈夫一起去商场购物，"更别提出门旅行了"。

他们28岁的女儿焕然从外表上看只有20岁出头，白天她很少出门，她更喜欢在夜晚就着昏暗的灯光去街边小店吃东西。通常，她会点一大堆东西放在眼前，因为只有桌面上丰盛的食物才会让她的脸色泛起红润。她身材臃肿，但每当看到食物，她还是抑制不住味蕾的兴奋。

作为妈妈，每次看到女儿对于食物的反应，白琳的心就像被卷在刀刃上，但她还要忍着痛，对女儿说："你点的菜品很好。"女儿埋头吃东西时，白琳一口都吃不下，可她还是要拿着筷子装出一副细细品尝的样子。如果她不吃，女儿就有可能发火。接下来场面就可能难以控制，女儿会把筷子狠狠地摔在桌子上，甚或打翻水杯，然后一路小跑回到自己的卧室锁上门。这是最可怕的情形，因为谁也不能跟进去，而卧室又有窗户，白琳总是担心："万一她跳下去怎么办！"

多年来，白琳就是在这样的紧张中度日。为了让女儿每天的情绪保持得平稳一些，她什么都愿意做，"只要女儿不生气就好"。白琳已经付出了太多的代价。她身材不算矮，人却又黑又瘦，稀疏的头发总是随意挽在脑后，"衣服只有黑灰两种色调"。

然而，七年前，女儿焕然不是这样的。"人很听话，学习用功，性格温顺，长得漂亮。"向任何一个人讲述女儿的从前时，白琳的眼泪都总是唰唰地往下流，她很自责。七年前的一天，当已经有严重失眠和社交焦虑障碍的女儿被他们夫妻俩带去医院看病时，精神科的大夫给了白琳一份诊断书，白纸黑字，白琳看到了其中最刺眼的几个字——"轻度精神分裂症"。

丈夫在一旁跺脚，白琳的大脑里一片空白。之前女儿彻夜失眠，脾气暴躁，不愿意见人，最后发展到简直不能看到他们夫妻俩，尤其是对丈夫，女儿"见了就愤怒"时，她也没往"精神病"那个方向想。

从医院回来后，他们开始让女儿服用大量的药片。女儿的症状看起来是好多了，但白琳明白这只是个假象。"药物让孩子每天的睡眠特别多，是没有以前那么焦虑了，但人看起来就是懵懵的。"

丈夫脾气大，一看到女儿犯病时心情就很差，"除了发火，就是敦促孩子吃药"。为了不影响丈夫的工作，也为了方便照顾女儿，异常焦灼的白琳决定夫妻分开住。她带着女儿搬到离自己单位不远的地方，夫妻俩一周只见一次。这是一个无望的开始，从决定给女儿看病起，这个家庭就开始变得不同寻常，一晃就是七年。

大量服药之后，焕然是不哭不闹了，但人变成了另外的样子——因为对吃没有控制，她的体重一下增了近20斤。更严重的是，她不出门了——因为一点突然的响动都可能让她害怕而烦躁不堪，更不用说见陌生人了。

丈夫是无法接受这个事实的，一个知识分子的家庭怎么会让女儿生了这种病？他很自卑，见妻子和女儿的间隔时间越来越长，出差也越来越密集。有段时间，白琳差点就要离婚了，她看出有着高学历的丈夫，其实内心根本就很懦弱。

白琳是一个不喜欢流眼泪的女人，她很要强，做任何事情都不希望被别人找出瑕疵。后来她才明白，正是"要强"害了她，也害了女儿。

白琳小时候，父母太忙，她就被扔给奶奶，由姑姑管教，她并不受欢迎，姑姑经常告诉她："你是没人要的孩子。"这使得白琳就从小学会了不在家人面前流眼泪，因为那是懦弱的表现。她靠自己的努力考入大学，她需要证明她是父母的好孩子。

即使大学毕业后结了婚，白琳还在继续证明这一点。她不要父母的资助，一直靠自己生活，等她有了孩子时，她要证明她的孩子也会很优秀。可是症结就是在这里，女儿焕然小时候太听话了，因为怕妈妈生气，她觉得只有做得足够好妈妈才能看到自己。

焕然高三那年，白琳就已经发现女儿精神上有些问题，但那时的她根本没在意，以为一切只是高考压力所致。大一的第二学期，女儿已经不能正常上学了。此后白琳才发现，女儿竟然没有一个知心的朋友，因为之前她和丈夫不允许女儿贪玩。现在，只要一想到这个，白琳就指责自己"很蠢"。她不知道女儿还能不能好起来，但她知道，当她焦虑时，女儿会比她更焦虑，"人总是以自己的方式伤害着最亲的人"。

一岩简析：

当一个人焦虑时，他会意识到自己是焦虑的吗？如果能意识到自己的焦虑，他也会意识到为转嫁焦虑他都做了些什么。显而易见，很多人并不知晓自己深层的焦虑，所以，更多的人是以不断行动的方式来避免感受焦虑。这是最危险的事情，如果支持我们做事情的全部动力是焦虑，那么，那些看似富有创造力的行动就可能对周围人构成伤害。所以，我们得先学会与焦虑相处，这样我们才能认清我们做一些事情的真正意图是什么。

杨吉膺：花些时间体验和理解你的焦虑

杨吉膺：美国赛布鲁克大学教授，美国注册临床心理学家，存在—人本主义国际心理咨询研究所创立人之一。

抑郁常常伴随着焦虑，但焦虑又是一个人生活中最基本的处境，没有焦虑，人也可能会抑郁。哲学家克尔凯郭尔对于焦虑有如下的见解："焦虑是我们的良师。"他这样解释焦虑在人生命中的意义："生活中只要有新的可能性浮现，焦虑就会在那里，焦虑与人的创造力和创新有着极为密切的关系。"

然而在当下社会，焦虑却成为大多数人面临的心理困境，尤其是当一个人的价值观面临破坏，或者某件事超出其预设、控制的范围时，便会有强烈的焦虑反应。

焦虑无法避免，却可以减轻，心理学的一个重要议题就是焦虑管理。杨吉膺对焦虑有自己独到的认识，他从存在主义心理治疗的理念出发，详尽论述了我们该如何管理自己的焦虑。

一定要避免焦虑吗？

一岩：就焦虑本身来说，我们会有一种普遍的感受，即一旦我们接触到自己的焦虑，会很快避开，或者，很厌烦自己的状态。

杨吉膺：实际上，我们在这里要讨论的是大多数人心理层面的焦虑，神经性焦虑另当别论。从个体的层面讲，焦虑无所不在，最直接的作用在于保护我们不受到威胁。比如在原始社会，人的焦虑在于保护自己不受野兽的侵扰。但在现代社会，焦虑已大不相同，人的焦虑可能来自于害怕自己在竞争中失败、感到不被需要、孤立无援、失业等等。这些焦虑对我们仍具有保护作用，我们将之称为"人面对自己存在的一种反应"，除非我们麻痹自己、不去想自己存在的价值和意义，否则，每一个人都无法回避生命中这些正常的焦虑。

一岩：我个人还有一种体验，就是有时一些并不具体的事情也会让人焦虑。

杨吉膺：如果从深度心理学的角度去理解这个问题，可能涉及个体对自己命运的一种思索，也就是人作为一种奇妙的存在，会赋予自己某种意义。如果从内心找不到这个意义感，就会产生焦虑。另外一种比较深刻的解释是，个体都会有死亡焦虑。无论如何，焦虑作为一种存在，在某种意义上都是为了让我们更深层次地了解自我。

一岩：也就是说，焦虑并非我们所认为的那样，是一种非常不好的状态，而是具有某种意义的。但为什么大多数时候，一旦意识到自己的焦虑，我们首先的反应却是排斥和回避？

杨吉膺：是的，我们都会有这样的反应。但在这里，有一个重要的问题——个体焦虑的程度是否已经影响到其正常的生活？焦虑本身并不是问题，问题是应对焦虑的方式，比如一些人会用负面的方式处理焦虑——做出各种上瘾行为，在人际关系中极度害羞，或者在生活中采取极度冲突的方式解决问题，甚至产生严重的强迫行为、为避免焦虑放弃生命，等等。这些负面处理焦虑的方式，只能暂时舒缓和躲避焦虑，并不能真正解决焦虑情境下的冲突。

**一岩：实际上，大多数人也有这样的切身体会，就是通过一些方式，比如您刚才所述的某些"负面方式"，也能够释放和缓解自己因焦虑而带来的紧张状态，既然能够让自己在某个时刻变得舒服一些，我们干吗不一直使用那样的方式呢？

杨吉膺：问题是，这些负面的方式虽然释放了紧张，但却无法解决生命中潜在的冲突。如果是这样，冲突依然会存在，行为也依然会重复。当然，你可以绕过焦虑，但问题永远都在那，当你不敢正视它时，你同时丧失的还有一份责任感，你不敢对你的冲突负责任。如果你不愿意探究你内心为什么还有那么多冲突，你也不会对你僵固的人生满意。

花些时间和焦虑在一起

一岩：诚如您所说，人们体验到焦虑，基本是在有冲突的情景中，这种冲突，有可能是某件具体的事情，但也有可能是某件不具体的事情，如果不刻意绕过焦虑的感受，也就意味着我们必须面对冲突，那也是一件很让人害怕和担心的事情。

杨吉膺：如果你不直面冲突，会是一种怎样的情形？比如，一位总是在家庭中付出，却总被丈夫忽略的女性，她可能对目前的婚姻状况很不满意，她的内心会有冲突，她也许会问自己：这样的婚姻值不值得？当她这样问自己时，伴随她的还有焦虑。如果她因为害怕面对自己的冲突和焦虑，她会让处境照旧，但发展下去，她的情况也许会更糟。而如果，她并不绕开这个焦虑，从一开始就能面对自己的焦虑，她也许就有勇气和伴侣来探讨一下婚姻中究竟出现了什么问题。你有没有发现，那些根本不愿意面对婚姻焦虑的家庭，恰好问题最多。当然，这只是一个比方。

一岩：我认同你刚才这个关于婚姻的比方，我是否可以这样理解，就"焦虑管理"而言，我们最合理的方法是焦虑？

杨吉膺：是的，不过这样表述也许更为确切——管理焦虑最合理的方法是，你必须花些时间来理解和体验你的焦虑。

一岩：这个理解起来会有些困难。

杨吉膺：通俗地讲，就是个体能坦然面对产生焦虑的情境，承认自己有所不安、有所恐惧，在焦虑的情况下继续前行。我们都会有这样的体验，当我们自己被说服直接面对困境比逃避更有价值时，我们也会在内心准备好面对不可避免的焦虑。因此，当你真正置身焦虑，焦虑带给你的可能是一种面对困境的勇气，那种即使害怕却依然前行的能力，反而会成就一个人的创造力。你可能会发现，生活中越有开拓精神的人，越容易将自己置于焦虑的情境。

一岩：这让我想起哲学家克尔凯郭尔经常被人们引用的一句话，"冒险造成焦虑，不冒险却失去自我。"

杨吉膺：是的，在这里，"自我"是指人如何看待自己的存在意义以及自由运用的程度。一个没有自我概念的人是无法找到内心的自由与归宿的。就这一点来讲，体验焦虑的过程实际上是扩展"自我"的过程。这就是我们在之前所探讨的——必须花些时间来理解和体验自己的焦虑，因为人格中的正向层面正是在不断面对焦虑的体验中得以提升的。

一岩：您在这里所说的体验，在内心是怎样的一种状态？

杨吉膺：这个问题很有趣。具体来讲，就是你对你的焦虑必须有所察觉，焦虑也可能潜藏在人的无意识当中。但一个有趣的现象是，你一旦意识到你的焦虑，即焦虑的状态一旦被你意识到，焦虑反而不再是一种强烈的威胁了。我所说的体验，实际上就是这个过程。在心理学上，有意识的焦虑与个体所呈现的症状恰好是相反的。——布莱克的一首诗歌可能会帮助我们理解这个观点——"我藏住愤怒，愤怒却兀自增长……我说出愤怒，愤怒却停止了。"在这里，布莱克是在谈愤怒，我们也可以用它来比喻我们与焦虑的关系。的确，当你觉察到自己的焦虑时，焦虑就不再是焦虑了。

【访谈手记】

感受焦虑的核心是感受自己

老实讲，焦虑不是一个很容易被理解的心理学议题。当我整理完杨吉膺博士的访谈，我比较赞赏的是西方心理学家对于焦虑这种心理特质的超越性诠释。在中国，人们通常将焦虑看作一种需要被治愈的病症，而忽略了焦虑也是心灵的一种动力。

焦虑本身并不可怕，可怕的是，为了逃避焦虑的感受，人会过度采用向外的行动力，而这种行动力往往具有很强的破坏性。在《人会以自己的方式伤害最亲的人》里，白琳就是一个典型的转嫁自己焦虑的妈妈。因为丧失掉了觉察，过往留在我们内心的创伤、阴影并没有被我们真正地关照和呵护过，这样，当外界的环境触碰到这些创伤时，我们的焦虑就会被激活，并会任由它引领着我们的情绪不断向外投射。在白琳那里，主要的焦虑是从小被遗弃后，核心自我不被认同的愤怒，这个愤怒最终转化为对女儿的不满。她对女儿的苛责、严厉，包含着她对自我的愤怒。遗憾的是，只有当女儿以病症的方式来反抗妈妈时，才能让白琳有所觉醒。这个代价太大，但却是最终的结果。

所以，在与杨吉膺博士的访谈中，我们重点谈论的是，人必须直抵焦虑的感受中心。一个最核心的问题是，个体必须意识到自己的焦虑，这样，焦虑就仅仅是一种感受而不是非要以行动解决的事情。这个怎么理解？以白琳的个案为例，如果白琳能和自己的焦虑在一起，感受到自己的焦虑，她就不会误以为，自己在教养女儿的过程中所产生的不高兴、不愉快的情绪都来自女儿。

作为一位存在—人本主义心理学家，杨吉膺博士从存在角度所诠释的焦虑意义，对普通人也同样适用。"没有觉察就会有病症"是这篇访谈的核心，尤其是在当下这个聒噪的时代，只有保持对焦虑核心的觉察，人才可能不过度迷失自己。

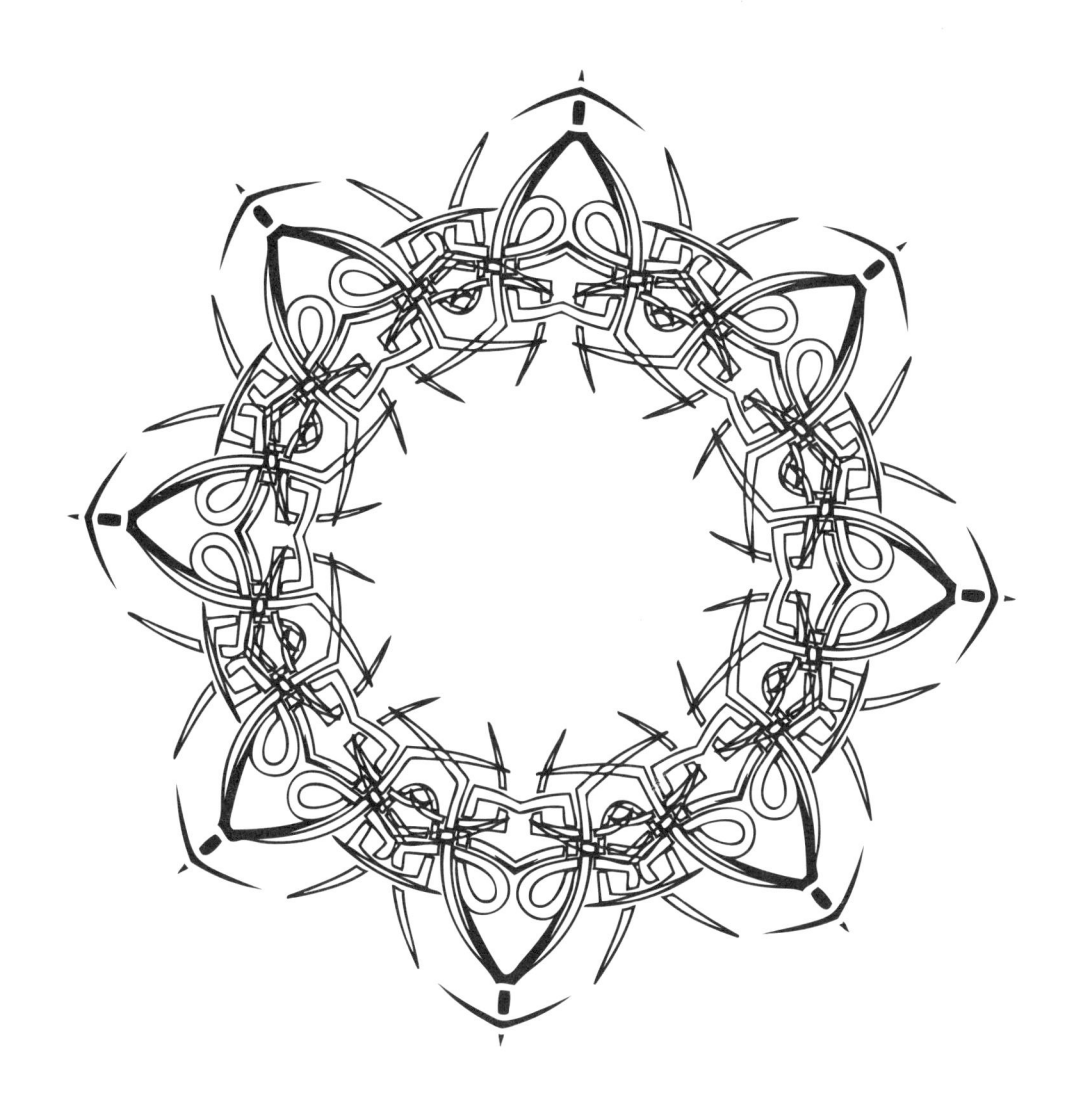

在浮躁的社会，人与人之间如何才能拥有一份成熟的亲密关系？父母之爱让人依附，但其中的操控性能撕裂一个人的内心；爱情让人感觉尊贵，但其中的不确定性动摇我们自爱的决心；家庭让人有归属感，但好强的本性侵蚀掉了我们的责任。成熟的亲密关系是先建立自爱与自信的核心，不索取、不过分依附。

第五章

没有完美的爱

在爱与不爱之间

被逼上绝路的爱情

【讲述者：雨妍[①]，28岁，私企职员】

刚上大学，我就有了第一个男朋友，我们在一起一共有7年的时间。谈了这么久，在别人那里早就结婚了，但因为男友家在外地，我们之间一直为结婚后应该定居在哪而意见不合。

我是家里的独生女，父母在情感上也不顺利，属于那种凑合在一起的夫妻。我不想结婚后生活在离他们很远的城市，因为在潜意识里我害怕父母离婚。男友是独生子，他也希望将来自己的家庭能和父母在一起，骨子里，他觉得父母养他不容易，他想照顾父母。

我和第一个男友就这样一直耗着，他说他一定会离开西安去父母生活的城市，之所以还没去，也是因为我们在一起的时间太久，他舍不得。我们就这样，不谈结婚还好，只要一谈就开始争执。最后，我觉得自己不能再这样和他拖下去了，我告诉他，我们还是分手吧，但我依然会爱着他。

那段时间，我挺痛苦的，毕竟相处那么久，他就如同我的一个亲人。一分手，他就去了他父母住的城市，我很孤独，老是一个人在夜店喝酒，我大学的一个男同学也会陪着我一起喝，后来，这个男同学成了我的第二个男友。

[①] 本文三个故事中人物姓名全部为化名。

第二位男友之前就和我们认识，大家也偶尔会在一起吃吃饭，所以当他知道我失恋后，格外地照顾我的情绪，我看得出，他喜欢我。一开始，我明确地告诉他，没可能，我们在一起不合适，但他说，他会等。

就这样，我根本没有喘息的机会，就和他在一起了，刚开始，我和他讲，我们就只是好同学、好朋友，大家不要想结婚的事情，他不仅说"行"，还非常包容我的坏脾气。

当我的第一位男友知道我和现在的男友在一起后，电话那头，听得出来，他很感伤，但还是淡淡地祝福我，我告诉他，我还爱着他，即使是和现在的男友在一起，我还是爱着他的。

男人有时候挺愚钝的，前男友说了一大堆请我不用担心他的话，最后，还附上一句：他也在试着发展一段新的关系。也许，他只是在安慰我，让我不用记挂他。可是，我听他说这个时，竟然很恨他，我以为，7年的感情，他不会忘记我，但一转身，人都会变。

和前男友通完话的当晚，我情绪很失控，我对现在的男友说，我不想和他谈恋爱，男人都不可靠，但他却抱着我说，他一定会好好爱我的。

没过多久，我周围的同学都知道我有了新任男友，而且大家彼此都认识，于是我也默认了与现任男友的关系。

我脾气并不怎么好，动辄发火，但他真的很包容我，每次吵完架都是他主动来找我。我也不知道是怎么了，可能觉得这段关系来得太容易，又是他主动追求我的，所以每次我都很霸道，还动不动就说分手。

我们就这样相处了半年多，一开始，我们都是小打小闹，吵完没多久就又和好了。直到有一次在同学的婚礼上，我还是一贯地以为在别人面前和他吵两句，过后就会没事，没想到他竟然起身先走了，把我一个人留在婚礼上，任凭我怎么打电话都不接。

那是他第一次这样不顾及我的情绪，那个周末，他回了郊区父母家。晚上，我打车去找他，一开始他挺高兴的，但晚上我俩在酒吧喝酒时，为一句话又吵了起来，他连夜开车送我回市里，半路上，我和他在车里吵得不可开交，还没到我的住处，他就让我下车自己回，然后调头把车开走了。

那天晚上，我简直要崩溃了，一个人披头散发地站在大街上拦出租，拼命打电话给他，直到他关机。

过了两天，等我们的情绪平复后，他告诉我，那晚他做得有些过分，请我原谅他，但他希望我以后不要有那些激烈的行为，我也觉得自己很过分，便答应了他。

可有些事情根本没法控制。当我越发现他不像以前那样包容我时，我越想抓住他。以前周末时，我们基本都在一起，后来，我发现，他会找借口回他父母那里，我就特别生气。他的同事也注意到了我的情绪，他们甚至问他，我是不是有精神问题。

半月前，他说他再也不能忍受我的坏脾气，他想和我分手。一开始我嘴挺硬，可是到了晚上，我差点做了毁掉自己的事情。我带着啤酒到他的宿舍下面，打电话让他下来，他不肯，我就在楼下砸碎酒瓶告诉他，"你不要后悔！"等他下来时，我用玻璃划伤了自己的手腕，血流了一地。

他叫了同事一起拉我去医院，路上，他捂着我的伤口，哭着对我说："我真的再也无法忍受你了，请你放过我吧。"

这一次他真的很绝情，安顿我住院后，他就一次也没来看过我，只在电话里寒暄了几句。我有种被抛弃的感觉，心里一直指望我们还能和好，我想去找他，但他说："你不要来，你不要逼我和你一样割腕。"我该怎么办？一开始是他追我，但现在是我离不开他了。

一岩简析：

情爱的关系最能检验一个人对自我的了解程度，因为情爱的亲密关系被自我的各个面向所包裹，有时候我们根本无法分清自己还在不在，自己是谁。在情爱的关系里，人是被自恋催眠的对象，这才爱的时候奋不顾身，恨的时候想要吞噬一切。这时候，自我之爱一定是个核心，唯有如此，才不至于在伫立于狂风暴雨的中心时迷失太久。

家里的外人

【讲述者：冬梅，40岁，私营店主】

我是一个将近40岁的母亲，女儿去年刚刚考上西安一所大学，丈夫是个普通的公务员，我自己经营着一家文具批发店。

比较幸运的是，我的家庭还算好，丈夫脾气比较温和，人也比较宽容。与他相比，我遇事容易急躁，年轻时动辄发火，爱猜测别人的做事动机，更不能容忍别人对我的指责。

刚开始做生意时，因为我的个性，生意一点都不顺，后来年龄慢慢大了，才发现有一些事情的确是自己做得太过分，于是渐渐收敛了自己的脾气。

我目前的生活没有太多负担，我也不必为生意再操过多的心，但是这么多年以来，我的内心一点都不快乐，有时遇到不愉快的事我还是会暴躁甚至咆哮。我一点都不喜欢自己这样，我也知道自己之所以这样，是我和我家庭成员之间的关系所导致的。

我的父母都健在，我是家里的老二，有一个哥哥，还有一个妹妹，但我和他们的关系一点都不好，虽然我非常爱他们。

我总觉得我的母亲特别偏心，她在心里一直都不爱我，虽然我很优秀。我的哥哥和妹妹，他们的生活状况一点都不好，这么多年来，我一直在帮助他们，可我母亲却总是抱怨我没有尽全力，为此我特别愤怒。

有时候我觉得上天对我很不公平。我3岁时，因为有了妹妹，就被送到外婆家，快8岁了，要上学时才回到父母身边。照理说，应该是父母亏欠我，我回来他们应该对我更好，可事实正好相反，不光哥哥和妹妹觉得我是个外来人，连父母都对我没有亲近感。同样的事情，只要有差错，我受到的指责要比哥哥和妹妹多得多，尤其是我的母亲，总是用挑剔的眼光看我。

他们越是这样我越是要为自己争取，为此，母亲老指责我脾气不好。从小到大，我一直很要强，我想要做得比哥哥和妹妹都好，我要让我的父母看到，我是他们最好的孩子。你知道，这就是我的痛苦所在，无论我做得多好，他们还是觉得我不好，尤其是我母亲。

我高中毕业就开始独立打拼，我不想再花家里的钱，我把做生意挣来的第一笔钱都给了母亲，因为那时妹妹考上了大学，要花一大笔学费。我记得很清楚，母亲拿到钱时说的第一句话是：你要是和你妹妹一样考上大学该多好！

那一刹那我十分痛苦，原本我只是想得到母亲一句赞赏的话啊。我不是不想上大学，要不是当初母亲老抱怨家里负担太重，我无论如何也不会主动不上学而去工作，可现在在她嘴里反倒成了我不想念书。我强忍住泪水没有发作，可这件事却让我特别受伤害，从那以后，我就很少回家，但我还是不断地给家里人钱，直到现在还是。

我结婚时没有要父母一分钱，相反，哥哥结婚时，大家给他钱却成了理所应当的事。后来哥哥离婚了，现在仍和孩子住在我父母那里。而我的妹妹，大学毕业后找了几个工作都不合适，后来我替她开了一家文具店，才算安宁。

照理，我在这个家是不是劳苦功高呢？可他们不是这样认为的，他们除了抱怨我脾气不好，永远看不到我为他们付出的努力。曾经有一段时间，我几乎患了抑郁症，晚上总是失眠，常常一个人流泪，还经常梦见母亲在一个漆黑的箱子里，我拉她，她就是不肯伸手给我。

我的这种情绪也严重影响到了我自己的家庭，我不能容忍女儿不听话、当面反驳我，我丈夫知道我这种情绪的缘由在哪，他也时常劝我，都有了自己的家和孩子，为什么还不肯放下对父母一家人的抱怨呢？我也想放下，但却做不到。女儿上高中时，我的情绪好了一些，我不再那么在意父母、哥哥和妹妹对我的态度了，回家的次数更少了。

最近一段时间，母亲生病，我又开始三天两头地回家。她看病的钱多一半都是我支付的，我的哥哥至今住在家里，父母的退休工资还不够贴补他。但新的痛苦又来了，每次回家，走进门时还看见他们有说有笑的，我一进去他们就不怎么说话了，好像我是个外人。我的怒气又来了，就没几句好话，于是就又回到以前不欢而散的情形了。我一直想不明白，为什么我为家人做了那么多，可结果还是这样？

一岩简析：

　　这个故事让我们看到，一个人的幼年经历是怎样无情地阻碍着他成年后的生活的。这种阻碍可以被真切感受到却不一定会被我们审视，这是致命的。我们怀揣受伤和痛苦的部分与再也回不去的岁月交锋，企图重获被爱，这是不可能实现的童话——如果我们不能通过感受到自己才是爱的创造源头的话。是父母构建了我们爱的自体，也往往是他们象征性地破坏了我们爱的自体。这不怪他们，他们给我们生命足矣，其余全是我们的额外赚取。明白了这些，你才可以修复自己，创造属于自己的真正的爱的童话。

我被母爱羁绊

【讲述者：强子，32岁，国企高管】

　　在同事眼里我一直是个成功的男人，做事沉稳内敛，有一个幸福的三口之家，在这个到处充满生活压力的城市里，我没有太多的经济负担。从外表的假象看，我没有理由生活得不快乐、不开心。

　　而实际上，只有我知道自己忍受的精神之痛。我敬业并不是因为我热爱工作，更多的时候，工作是我逃避现实的一个借口。借着工作的"忙"，我可以不用花更多的时间纠缠在两个女人之间，去处理谁更重要的问题。在母亲和我喜欢的女人之间，我心灵的天平永远都处在一个剧烈震动的状态。我还是个成功的男人吗？我不觉得我有一点点的成功，相反，我的内心总处在被强迫和压抑的状态，我的人生真的就应该这样继续下去吗？

过度依赖母亲的男人

　　我有一个非常疼爱我的母亲。这种爱曾经也令我感觉自己是个真正的男子汉。我想保护她，不愿看到她受苦，她为抚养我已受了太多的苦。

母亲是政府机关一名普通的职员。如果不是因为我，她应该有一个更好的前途，可她放弃了。在单位无数的晋升机会面前，母亲为了有更多的时间来照顾我，都选择了放弃，这一点，母亲的同事们有目共睹。

母亲性格非常好强，我至今都不是特别清楚她为什么和父亲离了婚。父亲是个知青，和母亲认识时一无所有，认识母亲后才从插队的农村进了城里的一个国企当工人。母亲从来没有告诉过我她和父亲之间的故事，好像父亲这个人从没在她的生活中出现过。我只隐约听说过父亲结婚后还一直保持和东北的一个女同学通信，被发现后，母亲便毅然决然和父亲离了婚。我两岁的时候，父亲去了东北。

其实我的内心里一直渴望知道更多关于父亲的事，可从小到大，我一直都不敢主动问母亲这个。从我记事起，家里没有一件关于父亲的东西，我从不记得父亲长什么样。"那个没良心的家伙，你不需要知道他。"偶尔提及父亲，母亲言语中总是愤怒，而我也是在这种隐约的愤怒和念想中否定着自己有一个父亲。

母亲一生的心血几乎都花在了我身上。因为我们是单亲家庭，母亲对我的要求也格外严格，她一直那么努力就是希望我考上像样的大学，找个好工作。

上小学时，我知道母亲原本有去北京深造的机会，可为了我，她放弃了，她宁愿在单位做一名普普通通的职员。我从小就是个懂事的孩子，在学习上也很用心，可我知道那个用心在很大的程度上都因为母亲，只要在学习上用心，母亲的额头总是舒展的，而我也知道，为了让我和正常家庭里的孩子一样长大，母亲牺牲了很多。

我家房子小，从幼儿园到小学，我一直和母亲睡一张大床。等我上初中时，不能再和母亲挤睡在一个房间了，为了让我睡得舒服，母亲就把卧室留出来做我学习和睡觉的地方，而她自己却在客厅的阳台上隔出了一块地方作为自己的卧室。阳台上冬冷夏热，等我们有条件买空调时，她首先给我的卧室装了空调却舍不得给她自己睡的地方装。

母亲身材姣好，但在我的印象里她一直舍不得给自己买稍贵的衣服。而我上初中时，为了让我考上重点高中，她不惜花钱让我上一小时几百元的辅导班。

上高中时，学业加重，很多同学不再让家里人早起做早餐，可我从小到大一直都在家里吃早餐，为此，母亲很少睡懒觉，而且，母亲做早餐总是变着花样，每一天从不和前一天早上一样。

上大学时，我去了外地，即使是这样，我仍旧保持着每天和母亲通电话报平安的习惯。起初我并没有觉得这样不好，可后来我多少开始有一些厌烦，我们同宿舍的同学一个星期只给家里打一次电话，而我，每天给母亲打电话几乎成了工作。有时候和同学玩累了，没打电话，第二天，电话那头母亲的声音一定会很失落，带着抱怨。

起初，我觉得这是母亲爱我的表现，后来我觉得自己一点都不自由，从小到大，我事事都会有意无意地向母亲征询意见，到在大学住校时我才发现我的同学一点都不像我这样。他们可以随意地和自己的父母说话甚至是开玩笑，有时还会在电话里和父母大喊大叫，而这对我而言却是一件多么不道德的事情啊！我忽然发现，我长大后和母亲的相处多半带着讨好，说话时永远轻声细语，每次讲完电话都是母亲先挂，而在学校和谁交往、每天干什么，我都会不自觉地告诉她。

大学毕业后，我有一种想摆脱母亲的感觉，可很快我就谴责了自己的这种想法。原本我可以留在上海找份工作，可一想到母亲单身抚养我长大是多么不容易，我便回到了原来的城市。起初母亲还有些埋怨我，可后来我看得出她挺高兴的。而我一直觉得自己长大了，该是照顾母亲的时候了，也正是在这个时候，我发现自己突然陷入了一种深深的和母爱纠缠不清的关系中。

我无法和母亲之外的女人建立亲密关系

上大学时，我曾喜欢过班里的一个女生，那是我第一次对母亲之外的女人产生想亲近的感觉。我曾试探着把这件事告诉母亲，可没想到，母亲虽然没有直接指责我，却告诉我很多诸如"大学毕业后没有着落""上学谈恋爱都不可靠"的话。也不知是受了母亲的影响还是受我自己性格的影响，我那懵懂的爱还没来得及开始，便被我自己的意念驱逐得干干净净。后来我才明白，也许在潜意识里我一直希望自己将来找的女人能被母亲喜欢，然而也正是因为这个，我后来才发现自己作为一个男人有多么不幸。

大学毕业后，我很快就找到了一份像样的工作，在这一点上我还是很认可自己的，我也干得很出色。那一年，我的生活看似很平静，母亲已到了快退休的年龄，工作不忙，家里有了稍大的房子，我每天下班后都回家吃饭，为我做饭已成了母亲最开心的事，有时单位有聚会我不能回家吃饭，母亲总是表现得很失望。

我曾经和母亲谈过，希望她能找个人一起生活，但这样的谈话几乎每次都被母亲打断，她甚至表现得有些难过，以为我这样讲是嫌弃她老了，是个负担。其实我怎么会嫌弃她？我是希望她有自己的生活，而我不应该一直都是她生活的核心。

似乎一切都晚了，母亲对我的依恋越来越深，尤其是在她退休后，更是越来越离不开我，我的不合时宜的一句话和一个眼神都可能让她难过半天。而最要命的是，我发现，在母亲的心里，我仍旧是她的男孩，她并没有觉得我已长成一个男人，也并没有觉得她是时候把我交给另外的女人了。

碍于母亲的这种心理，我到26岁时才正式谈恋爱。我的第一个女友是我的同行，从内心讲，她是我人生中第一次没有受母亲影响而自己喜欢的女人。开始时，母亲并没有反对我的这段恋爱，大多数时候她的态度总是不冷不热的，直到一件小事让她对我的选择大发雷霆。

一次，我领女友回家时正撞见母亲为我洗内裤。其实从高中起我就不愿母亲为我洗内衣裤了，可母亲不同意。后来我上了大学，假期回来时换下来的内衣裤我都随手自己洗了。工作后，我曾多次告诉母亲，不要随便进我的房间动东西，她虽然嘴上答应，可背地里照旧。那天我早上上班赶得紧，没来得及清洗头一天换下来的内衣裤，没想到和女友回家时正撞见母亲端着脸盆在卫生间里洗。

女友也是半开玩笑地在客厅里说母亲有恋子情结，没想到这句玩笑话被母亲听到了，她当场发作，指桑骂槐地说女友怎么这么没修养，说到气处时，母亲甚至兜出我大学一年级假期时回家卧床不起，她和我同睡一张床的事情。其实也没那么严重，那次我发高烧，母亲不放心，夜里要不断地给我量体温，所以搬了躺椅在我床边睡，可在当时的那个情境下，母亲说的话便变了味，我当时一脸通红，只想找个地缝钻进去。

后来的事可想而知，尽管女友爱我，但也说受不了我母亲那样依恋儿子，况且她也能感觉到母亲并不喜欢她。而我呢，尽管知道母亲做得并不好，却只能压抑自己的痛苦。女友走后，我冲着母亲喊，说她做得太过分，这是我有生以来第一次对母亲这样。没想到，第二天母亲便卧床不起，我去看她时，她就背对着我一直哭个不停。

为了母亲，我只能先放下自己内心的痛。尽管我不愿意，但还是给母亲认了错，说自己不应该对她发火。那几天我上班无精打采，母亲也看在眼里，后来她主动下床为我做饭。虽然我的心情并没有为此而好起来，但为了让母亲不再难过，我承诺以后不会惹她生气了。没想到母亲完全误解了我的意思，说自己其实一点都不喜欢我的女友，说她性格外向，不容易管住，又不太会做家务，将来结婚了不定谁伺候谁呢。我听了哭笑不得，我只想找一份独立的爱，并不想给自己找个保姆，而母亲根本就不懂我。

女友说不能面对一个这样深爱自己儿子的婆婆，我们只能选择分手。

几乎有两年的时间我都无法从失恋的状态中走出来。为这件事，母亲似乎也有些愧疚，她开始托媒人不停地为我介绍对象，可她哪里知道，她为我介绍的没一个我能看上，都是她自己觉得满意的。最委屈的还是我，既不能伤害母亲又不能对任何人表露我内心的痛。一次，母亲逼得过分，我就只说了一句"你能给自己找个伴吗？"就又刺痛了她的心，几天都不和我说话。

毁掉我幸福的母亲

转眼我都31岁了，因为工作上的成绩，大家都认为我是个重事业的男人，晚婚在他们看来也很正常，实际上有谁知道这其中的原因呢？母亲显得越来越离不开我了，在这几年当中，我和别的女性交往都是秘密进行的，也从不敢把女友领到家中去，一来母亲一知道我有女友便喜欢问来问去地让我厌烦，二来我内心对母亲挑三拣四的阴影还是挥之不去。

我现在的妻子是我经过深思熟虑才决定跟母亲摊牌的。也许是我的年龄渐渐大了，母亲也意识到自己有些事做得太过分，我第一次将妻子领回家时，母亲还是显得很热情的，女友走后，母亲第一次和我说，只要我看上了就行，她没意见，其实我多么想让母亲夸赞一下我未来的妻子啊，可母亲始终都不肯说那句话。

和妻子结婚，我还是有所准备的，为了不出现现实生活中的婆媳大战，我执意搬出来自己住。尽管母亲不愿意，但她表面上还是做出了退让。母亲拿出自己所有的积蓄为我按揭买房子，一开始我并不想要她为我这样做，我自己有能力买房子，可母亲不愿意，我只能接受。

结婚后的第一年是我觉得自己最像个男人的时光，妻子也算是那种比较温顺的女人，轻易不会发火，我当初也是再三权衡才决定和她结婚的。尽管我在内心很排斥母亲告诉我要找个怎样的女人，但最后我发现，我还是不自觉地按照母亲的标准找了结婚的对象。

而平静幸福的感觉却随着儿子的出生又被打破了。

儿子出生后，母亲非常欣喜，执意要来照顾自己的小孙子。按照情理，这是无法拒绝的事，但噩梦就此开始。

我承认母亲对孙子的爱也是无私的，但可怕的是她完全忽略了另一个女人的存在，她也忘了我是个成年男人，我是个有妻子的男人。

从妻子坐月子开始，母亲便一直指责妻子不会带孩子，一开始妻子还能忍受，可后来，妻子便有意无意地和母亲为孩子的一点小事发生争执。对于照顾孩子，母亲一直坚持用过去抚养我的经验去做，而妻子却希望能用自己的方式和孩子相处。最后，两个女人甚至会为了给孩子吃哪个品牌的奶而闹得不愉快。其实最明白的是我，妻子是没有错的，她不希望母亲过多干涉我们的生活才会如此表现。可母亲却不依不饶，我们没有和她一起住已经让她有些窝火，不让她照顾自己的孙子根本办不到。

我的精力开始耗费在处理这两个女人之间的矛盾上。有时我真的挺后悔，我就不应该结婚，我知道迟早会有这样的事发生。孩子一岁多时，母亲和妻子的矛盾开始不断升级，妻子越不想让母亲来见孩子，母亲就越把怨气发在我身上，我就这样徘徊在两个女人的告状和哭泣声中，我觉得自己太无能。

自私地讲，内心里，我觉得母亲对我的爱肯定要比妻子给我的爱无私得多，但我又无法停止对自己作为一个男人的指责。是啊，我已经是个成年男人，我有妻子又有了自己的孩子，我从内心多么希望自己是个负责任的男人，一个对家庭、孩子负责任的男人，我不愿去学习我的父亲，因为父亲，母亲才变成了这样，我理解母亲的做法，可是我自己的生活谁能帮我来理清？

有段时间，我经常住在母亲那里，其实我也渴望住在自己的家里，但我怕妻子对我哭诉母亲的种种不对，我没有办法去处理这些乱七八糟的关系。

终于，妻子向我提出了离婚，她说自己忍了很久，她说她可以忍受我的大发雷霆，但她不能忍受我的逃避，她也累了，她希望我能像个男人一样面对问题而不是像个男孩一样躲避起来，可是我除了逃避还能做什么？

一岩简析：

母爱是满满的光明，同时也是巨大的黑暗。母亲可以为了孩子牺牲自己，同时也会独占孩子的爱，但这一切都发生在无意识的层面，善良的心灵有时候并不能觉察。个体想要挣扎出来，必须经历分离的疼痛，你是你，我是我，我感谢我经由你的身体到达这个世间，我感谢你赋予我的乳汁，但我必须独立于你，只有这样我才能更好地爱你。

南希·麦克威廉斯：忽视，是对一个人最大的伤害

南希·麦克威廉斯（Nancy McWilliams）：美国精神分析学会前任主席，享誉国际的精神分析学家。她所著的《精神分析案例解析》一书早在2004年就在我国出版，其个人和著作极大地影响了我国精神分析取向的心理学工作者。

在短短的五天里想要安静地花上一段时间，采访这次"人格组织与动力性心理治疗"培训工作坊的主讲人南希·麦克威廉斯（以下简称南希）博士是一件很困难的事情。从每天的上午9点开始到下午晚饭前，南希工作坊教学的每一分钟对于接受培训的中国心理咨询师都是弥足珍贵的。即使是课间的几分钟，她也会被包围在学员的各种问题中。处在起步阶段的国内心理咨询界，极度渴望能以最快的速度从西方心理学家那里，撷取到心理咨询与治疗技术的核心秘籍。毕竟，心理学作为一门独立发展的学科起源于西方而非东方。

一岩：这次来中国，印象最深的什么？

南希：杭州这个城市很美，保留了很多原生态的风景，我也很喜欢这里的美食。我认识了一群热忱的人，他们来自心理学各个领域。能在这个工作坊和这么多人一起分享我在临床心理治疗实践中累积的经验，我非常开心。

一岩：我注意到，在您这几天的教学中，您一直在提一个人对于现实环境"适应不良"而导致的心理问题，对大多数人来说，"适应不良"是一种怎样

的状态？

南希：我对社会心理学领域涉足不深，我研究的主要是精神病学，我来试着做一些解释。在这里，"适应良好"或者"适应不良"主要是指人们与外界关系所形成的依附模式是否是安全型的。当然，发展出安全型的关系模式的基础是生命早期这个人与父母之间形成的依附关系。比如在西方，60%的孩子与父母的关系是安全依附型的，这预示着这些人长大后与周围环境的相处关系也会是比较健康的，但如果生命早期不具有这样的经历，成人后，这个人与环境的关系就可能是"适应不良"的，他可能会发展出焦虑、抑郁、强迫、逃避等很多神经症的特征，"适应不良"主要是指这些神经症的反应。

一岩：早期经历尤其是父母养育儿童的方式，对构建一个人的健康人格起着关键性的作用。在您看来，在这个抚养的过程中，哪些因素特别值得父母高度重视呢？

南希：当我们分析很多神经症的病因和精神病症的发作时，我们不难看到童年的创伤事件和丧失事件对一个人所产生的重大影响。但父母却很难看到这一点，儿童经常会被忽视在这些事件里。我想，家庭对儿童的最大伤害莫过于，对儿童遭受创伤和丧失事件后所采取的漠不关心和冷漠的态度，这会直接导致一个人从此不再相信他自己的知觉和感受。也就是说，他不会再相信他可以是他身体的主人，他无法再去感受爱。所以，未来他也不会和周围的环境发生真正的关系，他所能发展出的只有敏感、警惕、恐惧、不安全等原始的防御机制。

一岩：家庭如何才能知道某一个事件对于儿童是极具伤害和重要的？

南希：情绪，当一个儿童有强烈的情绪表达时，在那个时刻，他们必须是被父母重视的。但很遗憾，往往在这个时候，儿童却备受父母的忽视，他们有可能被父母指责——"你有情绪是不对的。""你不能愤怒。""好孩子是不能哭的。"等等。父母持续地以这样的方式对待儿童，会导致儿童在内在无法形成关于他自己的概念，也无法将现实中的父母内化为一个好的过渡性的客体，在这样的环境中长大的人，无法构建健康的人格机制。当然最严重的是明显遭受到外在强烈事件伤害的儿童（尤其是性侵），他们希望父母能倾听他们内在的声音，但往往这样的儿童遭受父母的贬低和忽视又是最严重的。

一岩：如果父母自己的幼年也经历过这样的对待方式，他们也很容易沿用这样的方式对待自己的孩子。

南希：是的，这是我们需要讨论的另一个重要问题，关于创伤事件存在"代际传递"的现象。我知道有些心理学家正在做这个领域的研究，这的确是一个需要被人们关注的问题，社会也需要做大量的工作提醒人们这个事实的存在。

一岩：您怎么看待现代人人际交往中普遍存在的"既想亲近又保持疏离"的复杂人际关系？

南希：我想我只能从人格结构上理解这个问题。"亲近/疏离"是人格的对偶主题，它呈现的是分裂样的人格特征。大多数人都可能会有这样轻度分裂的倾向——一方面我们渴望创造信赖的关系，而另一方面我们内在又有一个强烈的声音提醒自己不能信赖他人。这个对偶主题反应过度就是一种病理性的症状，它是早期"累积性创伤"的结果。比如在一个家庭里，父母要求孩子过早独立，或者家庭的控制和干涉过度严苛，就会发展出这种分裂样的人格特质，这种人格特质的核心是害怕去爱（亲密）而不是恨。生活中那些很难发展出持久、信赖亲密关系的人都与这种人格特质有关。

【访谈手记】

治疗是人与人面对的艺术

南希·麦克威廉斯是西方当代著名的精神分析学家奥托·克恩伯格的学生和同事,她也曾任美国精神分析学会主席。在西方心理学界,能担任这一职位的人并不多,更何况是女性。依靠40多年的受训背景和临床心理治疗实践,她所著的三本极具影响力的作品——《精神分析案例解析》《精神分析治疗:实践指导》《精神分析诊断》已被全世界几十个国家翻译和出版。当她真正站在你面前时,你真的难以想象,她这样一位娇小而漂亮的女性,是以何等的智慧才做到了这一点——要知道,在精神分析学领域,男性的优势远远超越于女性。

作为一名精神分析取向[①]的心理治疗师,她并不给人以生硬、刻板的距离感,这与很多国内使用这一取向的治疗师大不一样。她开诚布公地宣布:心理治疗之所以能取得进展的秘密,"并不在于使用的技术,而在于治疗师与来访者所建立的安全稳固的依附关系"。她强调,在今天这个极具竞争力、人与人之间被忽略、人与人之间早已丧失信任的现实环境中,引发心理问题的社会缘由很多是个体间的冷漠互动。而这一情形,从很多人一出生就已经开始形成。她说,虽然人人都渴望爱与被爱,但实际的情况是,"我们从生命的初期就未被构建起这样的心理动力"。

可以说,《在爱与不爱之间》里的故事正是南希这一论点的真实照应。原来,导致渴望爱与自主地去爱成为无法调和矛盾的主要原因,是既定的早期关系。如果没有心理的干预,人也许无从寻得改变的动力。

受益于克恩伯格——这位西方杰出的精神分析整合论大师思想的影响,南

---

① 精神分析取向心理治疗,又称精神动力取向心理治疗,指的是建立在精神分析理论上的心理治疗方法,聚焦于对来访者的无意识心理过程进行分析,探讨这些无意识因素是如何影响来访者目前的关系、行为模式和心理状态的。通过对来访者生活轨迹的探索,探讨来访者是如何经历既往的人生而发展变化,从而帮助来访者更好地应对当下的生活。

希的心理治疗观中也融入了存在—人本主义心理学的关怀。她特别强调持续的童年创伤和来不及处理的丧失对一个人的人格建构过程中所产生的破坏性主导力量。

经典的精神分析理论发展到后期，出现了像梅兰妮·克莱因、费尔贝恩、海因兹·科胡特、温尼考特等专注于研究母婴关系，主体间性的自体、客体等的心理学家，以及更具整合理论意义的精神分析学家奥托·克恩伯格。这绝不是心理学界的偶然事件。这些西方杰出的心理学家对工业时代、后工业机械复制时代人类心理学的关注，已经从弗洛伊德时代"性禁忌"单向度笼罩下的心理范式研究中奋勇挣脱出来，投向除去性与攻击本能外的、更为生动多元的、有关人的内在驱动力的研究。不能不承认，西方存在主义哲学以及现象学理论的发展，也深刻影响了后期精神分析学的各个流派，我从很多西方心理学家有关临床治疗技术的阐释著述中，明显感受到了这一点。南希正是在以上心理学、社会学和哲学背景影响下脱颖而出的精神分析师。尽管她在课堂上一直强调自己是严格受训的经典精神分析师，但从她的作品和教学中，无论如何我都强烈地感受到她那更具"存在"和"人本"风格的心理治疗理念。

我猜，这大概也是她40年来总是面对来访者的结果。今天的心理治疗不可能再完全重现弗洛伊德时代那种"躺在躺椅上"的治疗模型。在现代社会，工业扩张抹去农耕时代田园般的诗意恬静，人与人被迫穿行在冷酷的水泥丛林中，虽然比肩接踵却生硬陌生。在此情形下，有勇气走进心理治疗室的人也许更渴望能看着对方的眼睛说话，感受到被重视与关怀。在这样的心理需求下，治疗师（这一特殊职业）作为心灵动力的推手，他们对人的接纳程度以及对于人的生存困境的理解，要远远超越仅就其职业所指的范畴。

罗宾·华尔沙：让生活回归到接纳的状态中来

罗宾·华尔沙（Robyn.D.Walser）：美国加州大学伯克利分校心理学博士，接纳与承诺疗法（ACT，行为疗法的新模式）创办人海斯的得意弟子，目前在世界范围内受邀开设ACT工作坊，是这一疗法的集大成者。

两千多年前，古希腊著名的哲学家奥勒留就对人与环境的关系发出了这样的感慨："世界是变化的，我们的生活由我们的思想所创造。"

自心理学从哲学中独立至今，无论是哪种流派，都不可避免会涉及同一个问题，那就是"关系"，可以说，心理学问题的症结均由关系引发，人与他人的关系、人与自己的关系、人与环境的关系构成了心理治愈最为核心的部分。

人人都期待自己能有一份好的关系，人人都期待事情能如自己希望的那样发生，"但这真的只是一份愿望，生活的实质是好与不好、理想与不理想的并存，如果我们不能接纳这一点，人就有可能任由自己的生活走向低谷。"2014年9月20日，罗宾·华尔沙在中科院心理研究所举办的"接纳与承诺疗法"心理研讨与工作坊中，将现代人出现心理症状最重要的原因归为"丧失对于当下生活的接纳与觉察，因此导致的被僵化的生活态度"。

接纳并不是让你喜欢你目前的处境

一岩：一些人对于"接纳"并不陌生，在个人的生活当中也都会不自觉地运用到。但我个人的体验是，还是有大多数人对于"接纳"的含义并不是很明确，比如，明明我不喜欢，不是我想要的，我为什么要接纳呢？

罗宾·华尔沙：我猜，这里面可能存在着一种误解，那就是，一些人对于接纳真正的含义并不是很清楚，接纳并不意味着让一个人喜欢自己的经历和处境，它真正的含义是，你愿意接受一个事实，那就是不管我们喜不喜欢，不管我们愿不愿意，一些事情总会发生。关键不是发生了什么，而是我们面对发生的态度，这个态度就是，你愿意敞开自己的心扉，保持与个人体验的联系，你知道，很多心理问题都源自于我们不想和自己的体验有联结。

一岩：当你这样讲时，我首先能想到的就是关于逃避问题的态度，我可否理解为，这就是不够接纳呢？

罗宾·华尔沙：当然是这样的。没有接纳就没有体验，在这里，体验意味着你需要感受一些事情。当你不想和你的感受发生联结时，接下来会发生什么呢？你就会希望用别的什么途径来解决这个问题，但人类总有个惯性思维，总想留住好的感受，而不好的感受，比如恐惧、害怕、伤心，我们都不希望有联结。现实的情况是，如果我们不愿和这些感受有联结，我们最终丧失的是一种解决问题的能力。逃避是不能解决问题的，关于这点，每个人都清楚。

一岩：我是否可以这样理解，接纳，尤其是接纳生活中不遂意愿的一面，可以从心理的层面提升我们解决问题的能力。

罗宾·华尔沙：实际上，在我即将展开的"接纳与承诺疗法"中，这个能力被称作"心理弹性"。"心理弹性"就是，我们不是要完全治疗我们的恐惧、伤痛和不安全感，等等，我们需要做的是能够带着这些症状生活，能够与这些不好的症状在一起，但这并不妨碍你继续拓展新的生活和发展自己的创造力；但如果没有接纳，这一切都不可能发生，如果没有接纳，你就会被症状牵着鼻子走。

处理家庭中遇到的外遇状况，更需要接纳

一岩：中国目前的很多家庭都可能面临着外遇带来的离婚危险，"外遇"也许是一个家庭面临的最为严酷的问题。一旦发生，人们该如何接纳？这个处理起来很困难。

罗宾·华尔沙：不光是中国家庭，美国的家庭也一样会遇到这个问题。我希望人们能这样看待这个问题，首先是夫妻双方有没有继续生活的意愿，如果没有，离婚可能是比较妥当的做法；但如果夫妻双方没有离婚的意愿，面对婚姻当中遇到的裂痕，就必须持有接纳的态度。在美国，通常是男性出轨的概率大于女性。

一岩：依照我个人心理辅导的经验，在中国也是这样一种状况，但大多数时候，即便不离婚，女性也会带着很深的伤痛生活。针对这种状态，接纳需要从哪个方面开始呢？这个问题很迫切。

罗宾·华尔沙：在这里，接纳更多体现的是一种原谅的态度，是一种行动，你可以接纳你仍旧有悲伤和被伤害的感受存在，允许自己带着这些感受行动，原谅不是让你放弃这些感受。比如一个女性，她愿意弥合她的婚姻，但她如果没有原谅的行为，弥合就不可能实现。她必须意识到，她可以同时做两件事情，她不逃避她的悲伤和难过，她接纳她的感受，同时向伴侣表达她的感受，但她可以同时做出原谅的行动，做那些家庭遭遇外遇之前她对家庭所做的事情，这样才是一种真正想要弥合的做法，而不是仅仅想一下。

接纳就是融入当下

一岩：人停滞而不能行动的一个主要原因，都与过去的经历和对未来的担忧有关。

罗宾·华尔沙：这其实是一些人不能融入当下的现状，通俗地讲，就是有些人会对情境形成一种比较僵化的认识，即使情境改变了，他们也不愿意融入新的情境中，他们会避免自己与现实的接触，不接纳现实。还有一个原因，对拥抱当下的回避更多的是回避个人不愉快的体验，就像中国文化中讲的那样，"一朝被蛇咬，十年怕井绳"。当情境在改变，你却不改变，显然，你是不想接纳自己不好的感受，你怕那个感受，于是你不再行动。你越不行动，你的症状就越明显。

一岩：实质上，融入现实是每一个人的渴求，但如何既不带着过去不好的经验，又不畏惧未来的不可预知而融入现状，对任何人都会是一个挑战。

罗宾·华尔沙：这涉及融入的实质，它意味着人们必须在很大程度上对自己负起真正的责任。我接下来会谈到一个可能被很多人忽略的问题，那就是创造幸福的能力。一些人有一些误解，认为获得幸福的能力必须从各个途径去得到。现在，我们可能需要转变这种被固化的思维，其实创造幸福的能力，每个人都具备，它们一直都在那里，在你的生命力当中。如果你真的愿意保持对自己这份能力的觉知，你会负起真正的责任，接纳、不拒绝你不满意的状态，这样，创造幸福的能力就会在与当下融入的过程中呈现。

【访谈手记】

不接纳如何前行？

当我们频繁地谈论"接纳"这个概念时，我们真的知道如何做到"接纳"吗？接纳听起来简单极了，但在很多人的理解中，它却像是一声无奈的叹息，令人被动承认其内在的脆弱与无奈。

如果我们这样理解"接纳"，我们就不可能做到真正地接纳。见到罗宾·华尔沙博士时，我也更坚定了自己对于接纳的体验：接纳不是被动接受事实，而是主动地在内在形成对于事物的整合性认同。

《被逼上绝路的爱情》和《我被母爱羁绊》会让我们看到，当人带着出生创伤被抛向生活时，其成长中对于体验自身的不同，造就了每一个人对自己现存生活的态度。隐含在这些态度中的诸多事情看起来是一种偶然，但其实是一种必然。这偶然中的必然局限和催眠了我们对生命的理解，更使得人丧失了解决问题的热忱与决心。

在这个世界上，所有事情的发生都是悖论性的，这与《塞翁失马》故事中塞翁对事物认识的态度上是高度一致的。而"接纳"是实现这一态度唯一的途径。人无法通过抗拒的方式与自然的发生和解，没有和解便无和谐。所以要想前行，必须懂得接纳，要知道，这个世界从不会按照我们的意愿呈现，但人在其中却可赋予各种呈现以不同的意义，接纳也是其中的一种。

我们总有一天要碰触"生命是怎么回事"这个命题，只是契机不同而已。有些人会因为一个意外的创伤，有些人会因为一场大病，也有一些人会被宗教信仰的声音召唤，我们总会以各种方式重新深入生命本身。

第六章

心灵可以自我救赎

三个汶川孩子的故事

作为在 2008 年汶川地震中北川中学的幸存者，23 岁的羌族男孩陈问奇已成为一个象征符号。在地震发生后的几年，成为了孤儿的陈问奇频繁地接受着各种媒体的采访，直到 2011 年，"人们开始习惯性忘记与自己无关的灾难"。

而实际上，从 2010 年起，陈问奇便拒绝接受媒体的采访。虽然那些浮躁的喧闹曾在地震发生后的很长一段时间里使他得以短暂逃避痛苦和孤独，但他最终发现，"人不能指望别人去解决你的痛苦和孤独"。

每年 5 月 12 日临近，焦虑都会自然而然地在这个男孩内心蔓延，它们"咬噬着自己"，使他在那个时间段里甚至不能专注于眼前的事情。

在进入大城市读书的头几年里，他会极力不让这种焦虑产生——通过吃美食，通过彻夜看 NBA 球赛，或者索性骑着单车漫无目的地游荡在城市宽阔的边缘地带。而现在，他学着去"接纳和理解这个焦虑，不再以填充时间的方式"。这个变化，是从他选择学习心理学开始的。

为什么活着的是我？

2013 年 4 月 20 日雅安地震后，澳门电视台采访陈问奇：马上就要高考，对雅安的高考生有什么要说的？

"他们以为我会说些激励的话，错了。"陈问奇说，要是放在以前，他会选择放弃采访，"对刚刚经历灾难的孩子大谈高考，对刚刚遭遇过灾难的学校谈升学率，难道不荒诞和残忍吗？"这一次，陈问奇"选择了说真话"。

这个皮肤白皙、性情温顺的男孩，鲜以这样的语气在公共场合发表言论，镜头后面，是"一脸诧异的编辑"。

对于这样的采访在什么时候播，在哪播，现在的陈问奇一点都不关心。

在他的记忆里，很多年都抹不去一个画面：一个满脸血迹，浑身被灰尘包裹的男孩从废墟中爬出时，左手仍旧拿着尺子，右手仍旧拿着铅笔。

那是他，一个地震前的好学生，一个地震前一直希望通过考上最好的大学改变自己的命运，继而也让贫穷的母亲过上好日子的青春少年陈问奇。

他也记得，从废墟中再次看见明亮的天地时，他是如何恐惧和憎恶地扔掉了手中的尺子和笔。

汶川地震，北川中学成为伤亡最严重的震点。陈问奇的幸存，侥幸于他所在的高二年级在新教学楼的第三层，"总计五层的楼房在直陷到三层时戛然而止"，陈问奇先是被一个铁栏杆撞飞，紧接着又被另一个铁栏杆拦截，"坠入废墟"。

陈问奇清晰地记得，有那么几分钟，"天地间如此寂静"，那是耳膜被强震后的生理反应，随后，他听见轰隆隆的响声和撕心裂肺的呼叫声。

从废墟中爬出的陈问奇丢失了自己高度数的眼镜，除了一片片坍塌的楼房和远处的操场，他已看不清更多的细节。这使得他在后来参加由学校自发组织的救援队时，更多时候只能靠叫喊和触摸，"一不小心就踏在一具不动的身体上"。

起初他害怕得要死，后来他麻木了，"因为太多了"。地震平息后，陈问奇从网上看地震资料照片，惨不忍睹的画面使得他一次次地默问："为什么活着的是我？"

这样痛苦的发问也掺杂着复杂的自责。地震中，他目睹一位女同学被钢筋刺穿胸膛，最后死在父亲怀抱中。还有一位胳膊已断碎，却无法扯断经脉的男生生不如死的痛苦神情，让他"永生难忘"。

当然，他最大的痛，是在地震中失去了相依为命的母亲。

他至今都难以判断，母亲究竟是被压在坍塌的楼房里，还是深陷于地下。母亲生前一直在县城摆地摊供他上学，地震后，通往城中心的道路面目全非，他被同学死死抱住后腰,"别去找了,"同学哀求他,"县城已经不复存在了。"

陈问奇成了孤儿。在他下意识地扔掉尺子和铅笔的那个瞬间,似乎就有这样的预感。

回到现实

"心灵花园"[①]的创建人,华南师范大学教授申荷永、高岚夫妇,清楚地记得第一次在北川中学见到这个羌族男孩的情形,"目光呆滞,灰头灰脑地闯进我们设在北川中学的办公室说:'我要做心理咨询。'"

那时的北川中学暂设在绵阳长虹培训中心的操场,拥挤的板房教室里经常彻夜灯火通明。9月份,陈问奇高三,次年面临高考。

2009届北川中学的高考一直被认为是"灾后奋起"的象征,多年以后,陈问奇回忆那时的学校,"表面的复课和情绪上的昂扬,并不能掩盖灾难和丧失带给人的深层悲怆"。

得益于高岚教授的长期心理辅导,已成孤儿的陈问奇勉强留下迎战高考,"每天能坚持坐在教室里已经很不错了"。多数时候,话不多的陈问奇翻墙出校,拿着学校发的补助在镇子上大吃一顿,之后喝得酩酊大醉。

这样的"堕落"在母亲活着的时候根本不可能,母亲生前靠摆地摊维持生活,只在周末等陈问奇回家才舍得吃肉,陈问奇平时就是买一支笔都要"再三犹豫"。

地震前一周,母亲生了重病,因为嫌5000元的治疗费太高而迟迟不肯就医,陈问奇只能以"不看病就不去读书"胁迫母亲看病。高考曾经是这个男孩"让母亲过上好日子"的人生许诺,可母亲的病还没来得及看,地震就发生了。

支持信念的目标就此全无,陈问奇甚至对自己高三的班主任都没多少记忆。那一年,央视记者来拍地震孤儿,陈问奇勉强答应,但中途"便不再配合拍摄",他讨厌记者在众目睽睽之下拿机子对着他,尤其是在饭堂。而最终导致他"怒

[①] "心灵花园"是一个全国性的公益心理援助项目,创立于2007年,是目前唯一仍旧在北川中学工作的心理辅导团队

而退出"的是记者让他摆拍一些动作,陈问奇觉得自己那时的心里已"容不下一点点虚假,地震的真实满满的都在脑海里"。

高三那一年,陈问奇最盼望的就是在"心灵花园"办公室见到高岚老师,唯有对她,陈问奇才能讲出自己的恐惧:"喝酒后做噩梦,梦见自己躺在宽阔的马路上等车来轧,嘴里一个劲儿地说,'头''头'。"

那时的陈问奇有严重的自杀倾向,做梦时"会预设自己死的方式"。高岚像待自己的儿子一样和陈问奇相处。清明节,高岚带着陈问奇给在地震中过世的母亲烧纸,希望用这样的方式让陈问奇"渐渐回到现实中"。

如果可以不难过

2009年高考,陈问奇被广州民航职业技术学院录取,他并不喜欢这个"未来要和机器打交道的专业"。

三年的城市生涯使地震的阴影渐渐变得模糊,大都市的繁华带给陈问奇新的人生问题。"开始找不到自己。"陈问奇说。

他清晰地记得2008年地震后的暑假,国内一家大企业邀请地震中的孤儿和单亲孩子去珠海旅游。地震之前,他去的最远的地方是绵阳,繁华的大都市意味着"陌生和未知"。

第一次睡在星级酒店柔软的床上,陈问奇失眠了,他想起了妈妈。妈妈一辈子未走出县城,一辈子没吃过大龙虾,也一辈子没睡过如此柔软舒适的床。"凭什么我就该享受这些?"

一路上,陈问奇小心翼翼地维护着自己内心与城市的界限,他诧异地看着自己的很多伙伴兴奋地逛街,惊讶于他们"为什么这么快就忘了伤痛"。

那次旅游结束后,陈问奇最不能接受的是,"一些重新回到北川的孩子竟然开始抱怨自己的环境如何的不好"。为此,陈问奇和他们公开论理,周围的人用"乌鸦笑猪黑"的比喻反讽他:"你不也一样沉溺吗?"

"我不会沉溺。"陈问奇曾一直用这句话提醒自己"不能忘了根"。可是,在广州求学的第二年,他发觉自己"迷失了,虚空,不知道人生的意义在哪"。

那一年他吃遍了广州所有好吃的东西，除了和自己原先北川中学的同学保持联系，他并不太喜欢和新学校的同学交往，"怕他们问自己以往的经历"。有一段时间，他甚至想，生活也许就是这个样子，"玩、吃，及时行乐"。

2010年的国庆节，他和同学去KTV唱歌，同学给他拍了一张照片，"左手拿麦，右手夹着香烟，神情迷离"。看到那张照片，陈问奇想哭。"如果有办法能让自己不难过，我想我会的。"陈问奇在QQ空间里写道。

设在广州的"心灵花园"成为陈问奇最愿意去的地方，从组建之初，"心灵花园"就是一个针对孤儿的心理救助机构，在接触更多的孤儿后，陈问奇猛然发现"自己是最幸运的"。

2012年年底，从技校毕业的陈问奇选择投考中山大学的心理学系，这样的决定缘于一次聚会。半年前，杭州一家NGO[①]组织召集北川中学所有的残障孩子旅游，申荷永教授被邀做心理讲座，陈问奇跟着一起去时，意外地发现了在地震时和自己同年级的赵春林和低一级的张凤，而且她们都选择了学习心理学专业。

失去翅膀的天使

和陈问奇同岁的羌族女孩赵春林仍旧热情开朗。这个在地震后第二年考上江西上饶师范学院心理学专业的漂亮女孩，并不忌讳和别人谈论自己失去的一只手，"尤其是那些不熟知自己的人"。

地震的那天下午，赵春林正在二楼的教室上物理课，这个爱文科不爱理科的女孩因为这次物理考得比较好，对于下午的试卷讲解听得特别仔细。

"先是个别窗户上的玻璃在抖"，之后教室里的窗户开始剧烈变形，等赵春林听见有人大喊"地震"时，教室二楼已经整个坠了下去，"一片漆黑"。

赵春林醒来时，发现自己斜躺在楼板之间，"腿还能动，右手却被水泥板死死地压着"。

[①] 非政府组织（Non-Governmental Organizations）的英文缩写。

赵春林的得救是因为那位自己至今仍不知姓名的"哥哥"，在狭小的被困空间里，赵春林右上方一位腰部以下被水泥板掩埋的"哥哥"替她搬动了右手上的水泥板，血肉模糊的手抽出来时，"哥哥"说："赶快爬出去。"

这是赵春林一生中见过的最"镇定的人"，她至今仍旧记得"哥哥"说话的声音，"却永远无法看清他的样子"。"哥哥"埋得太深，人力根本无法掘开厚厚的水泥板，天快黑时，赵春林得知"'哥哥'去了"。

临近夜晚时，赵春林的右手开始变黑，她已感受不到疼痛，外界的救援一直无法到达，一位男同学建议她赶紧处理自己的手。

雨夜，她和那位同学摸黑步行到离北川县城最近的一个小镇卫生所，医生让赵春林躺在床上。"保不住手了。"那位医生说。赵春林还没有反应过来，"发黑的手已被医生用剪刀剪下放在赵春林的胸脯上"。

这是这个女孩一生的噩梦。看着自己的手，这个女孩突然撕心裂肺地喊："疼！"而她的同学几乎已忘了呼吸，久久的，他看着赵春林哭，不知该怎么处理这只残手。就在医生将残手扔进垃圾桶时，赵春林感觉自己的身体"突然没了重量"。

小镇简单的医疗条件根本无法处理已经开始腐烂的胳膊。天亮后，赵春林和同学终于搭上一辆军车，前往绵阳。

从绵阳被转到成都，最终被转到武汉，接下来的事情，赵春林已记不清。几个月里，她的脑海里"只有那只手"。

在武汉一家医院，医生要给赵春林戴假肢，"肘关节以上部分也要被套进去"。起初赵春林很抗拒，她不知道未来要怎么与这个和她身体不一样的东西相处，医生并没有强求她，一直等到她愿意。

真正让赵春林平复起来的是9月的复学，"一些熟悉的面孔不见了"。地震中，她的同班同学有18人遇难，4人被截肢，还有些成为孤儿。她觉得自己是幸运的："'哥哥'为救自己去了，父母安好，还有什么不知足的？"

不到一个月，赵春林就学会了用左手写字。高三模拟考试时，她觉得自己的作文肯定写不完，"没想到竟然写完了"。

也是在复学后，赵春林接受了志愿者的心理辅导。这个羌族女孩第一次知道，"大学里还有叫作心理学的学科"。当那些志愿者鼓励和倾听她讲自己的痛和怨恨时，赵春林忽然发现，"自己的抱怨没那么激烈了"。后来，她竟不知不觉做起了志愿者。报考志愿时，赵春林毫不犹豫地选择了心理学专业。

2010年，赵春林被上饶师范学院心理学专业录取。住校的第一天，赵春林叫来同宿舍的女生，将自己的假肢卸下来让她们看，"也让一些人摸"。

之前她曾有过这样的经历：假肢放在枕边时，一些猛然看到的人竟被吓着了。

她坦然给那些吃惊的同学讲自己失去一只手的故事，她没哭，"听的人哭了一大片"。

雅安地震时，赵春林急着想去救援却没去成，只能在网上用自己的专业帮助别人。她已经拿到了国家三级咨询师证，也正预备着考研。

触不到的高跟鞋

在陈问奇的记忆里，羌族女孩张凤曾一直是复课后学校的坚强典范。地震时，张凤读高一，教学楼深陷，张凤被压在楼板下整整13个小时，直到救援队赶到。

对于被救后的情形，张凤的记忆并不多，醒来时发现自己已经躺在医院里，双腿被"高位截肢"了。

9月复课时，张凤上高二。学校仍旧弥散着的一片悲痛气氛里，板房里的张凤却"没事一样和同学嬉闹"。

她拒绝坐轮椅，坚持用自己的假肢走路，地震前，这个女孩爱好体育活动，被截肢后，她还是喜欢快走，"速度却怎么也比不上从前了"。

北川中学新校区建成时，张凤读高三，在新校区，她坚持去一家叫作"安心屋"的心理援助机构做辅导，结果却并不让她满意，这使得她想自学心理学。

2010年，北川中学高三年级的高考形势比上届更加严峻，舆论甚至赋予这一届的高考"二次创业"的高调期望。张凤的同学中，有几个残障孩子选择退出高考，最触动张凤的是，一名孤儿在退出高考后以吸毒麻痹自己。

"人如何才能战胜自己？"张凤说，在选择专业时，她曾经抱怨社会上那么多的心理机构中，真正帮到北川中学的并不多，"所以决定自己学心理学"。

乐山师范学院法学与公共管理学院的社会工作专业成为张凤的首选，这是一个与社区心理建设相关的专业。张凤说，其实自己的内心并不像人们看到的那样坚强，"心理学首先能自救"。

这个女孩现在最烦恼的是不能穿高跟鞋。一次，学校搞活动时要求穿带跟的鞋，主持人问张凤为什么不穿，张凤差点当众让他看自己的假肢，"后来觉得不妥，私下里跟他说了原因"，没想到整个活动中，主持人的目光都落在张凤那儿——"觉得她失去了双脚还那么乐呵"。

这样的尴尬局面张凤经历过多次，尤其是在买鞋时。后来，为了不让服务员直接"啊"出来，张凤选择"事先告知"。这样，张凤一双一双试鞋时，其他的服务员就不会"老盯着自己看"。

地震后，这个爱美的女孩再也没穿过裙子，每次逛街看见漂亮的裙子，她总会情不自禁上前摸一把。"也许有一天会穿。"张凤说。

在 2012 年 6 月杭州的活动中，陈问奇、赵春林、张凤意外相遇时，谈论最多的是各自所学的专业。"地震的伤痛总有办法被转化。"陈问奇告诉两位校友，将来能选择从事心理援助工作，是对经历过苦难的北川最好的帮助。

一岩简析：

我仍旧怀着敬畏的心情将我的这篇文章选录在这本书里。地震从来就是毁灭性的灾难，没有经历过地震的人们是无法通过想象来理解地震会给一个人带来怎样残酷的心理梦魇。对那些在地震中经历过生死的人们，灾难为他们留下的巨大创伤（精神和肉体上的）如何才能得到疗愈？谁又能够真正帮助他们？在这三个汶川孩子的故事里，孩子们通过心灵救赎的方式让我们看到，只要你愿意，就会自发涌现无上的勇气，给予我们内在的力量，安抚疼痛的肉与灵，使我们能够与苦难勇敢同行。

申荷永：学习心理学是一种生活态度

申荷永：华南师范大学心理学教授，东方心理分析研究院创立者，是国内首位获取国际荣格分析师资格的心理学家。目前国内荣格分析心理学的蓬勃发展，与申荷永在这个领域的学术推广密不可分，他在东西方心理文化的整合与研究领域有着极大的学术贡献。

2013年10月11日，"心理分析与中国文化国际论坛"在中国海洋大学召开，来自美国、瑞士等国诸多世界一流的荣格心理学家和众多中国的心理学者齐聚一堂，讨论同一个问题：我们如何学习和发扬适合我们自己的心理学？深度心理学的倡导者申荷永是本次论坛的负责人。近20年来，他一直致力于将荣格分析心理学引入国内心理治疗领域，在他眼中，讨论心理学更像是在讨论一种文化现象。

深度心理学让我们深入了解自己

一岩：我本人有一个深刻的感触，心理学在国内的很多人心中还停留在理论的层面，您做了一件让心理学在国内落地的事情。

申荷永：你这样看，我本人很欣慰。不过，这几年，我有一个感觉，就是人们越来越有了解心理学的欲望，这固然与现在社会越来越多地涌现出各种心理问题有关，但在其中，我也看到，现在的人们开始关注自己的内心世界了。

因为，仅靠社会给你的幸福指数是远远不够的，或者说，你自身之外获取的幸福是根本靠不住的，而心理学就给了人一种契机——借由自己的问题，我们开始想要深入地弄明白生命究竟是怎么一回事。

一岩：普通人最想知道当自己有压力时怎么办，或者自己有一些心理症状（焦虑、强迫、抑郁等）了怎么办，这和您说的"明白生命是怎么回事"之间有什么关系？

申荷永：从专业上讲，心理学家如果只将注意力放在症状上，并不能从根源上解决心理问题。从治疗技术上讲，药物就能解决很多症状，比如常用的精神药物，就能抑制那些严重的焦虑症和强迫症患者不去过度思考和行动。可是反过来想一想，人麻木无知觉地活着，其痛苦的程度要远远大于有症状本身。所以，我们总有一天要直面"生命是怎么回事"这个命题，只是契机不同而已，比如有些人会因为一个意外的创伤，有些人会因为一场大病，也有一些人会被宗教信仰的声音召唤，我们总会以各种方式重新深入生命本身。

一岩：是的，借着生活中的各种事件，人人都会不由自主地去思索生命实质的问题，而就解决问题而言，这样的探索可能对大多数人来说都略显深奥。作为心理学家，您可以轻而易举就介入这样的探讨，而大多数并不了解心理学的人，他们该如何透过症状真正思考"生命"这个话题？

申荷永：这正是我想借此探讨一下关于"深度心理学"的原因。很多人都知道，我是一名荣格学派的心理学者，我研习和教授荣格心理学已逾20年，我一直认为，荣格是一位为数不多的极具东方哲人气质的西方心理学家。可能大多数人都认为，心理学根本就是舶来品，是从西方引入的，这是个误解。中国文化里有庞大的心理学体系，却被我们忽略了。在这里，我要谈的是《易经》，荣格就是位"易学家"，但可能多数人并不知道这个。他的心理学最适合中国人来学习，如果让我谈论深度心理学，我一定会讲我们自己的文化根基，不讲这个，就无以谈深度心理学。

一岩：什么是深度心理学？

申荷永：深度心理学指的是，除了研究人的生理和心理动机，还必须涉及人的内在面向（超越的意识、宗教情怀）和人的终极渴望等。

想学心理学？看看《易经》

一岩：刚才您谈到《易经》的心理学意义。我们都知道《易经》是一部关于占卜的书，为什么它会成为荣格心理学或者是研究深度心理学的根基？

申荷永：实际上，本次心理学盛会的主要议题之一就是中国文化，尤其是《易经》对于西方心理学的贡献，但我本人有一个遗憾。我们都知道目前国内的心理学在蓬勃发展，但真正关心"易"学的心理学者并不多，而当今的西方心理学家，对"易"学崇尚、研读、融入整合的热情在某种意义上甚至超过了《圣经》。占卜只是"易"学的一个层面。"易"学的心理学意义在于，它一直在讲天地人的关系，在讲人的意识与宇宙意识的关系。我们知道，人的内心出现问题，都是阴阳不平衡的结果——我们的中医理论也讲这个，只不过在心理学里，我们会把它当作是一种心灵力量失衡的反应。而"易"学中讲生成，讲转化，这正是心理治愈的本质。所以，不读《易经》就不足以了解心理学。

一岩：我相信，您抛下的这个概念对很多人都具有启发意义，我也许能明白您为什么一直致力于在国内教授和传播荣格心理学，您一直试图整合更多的东西方心理文化元素。

申荷永：我相信荣格是打开中国心理文化的一把钥匙。作为一名心理学家，我首先喜爱我们自己的文化，而荣格帮助我们将心理学具象化。心理学从本质上讲是"心灵学"。时下的人们，内心所承担的个人命运也好、时代命运也好，用"苦难"一词形容并不为过。我们必须通过心理学的方式去理解这些，并以此获得我们自身存在的力量。而荣格作为最早探索中国传统文化意义的深度心理学家，其所创建的关于心灵本质的理论，在我看来，是最适合中国人学习的。

一岩： 我非常感谢能通过您的介绍让更多的人了解心理学以及深度心理学，尤其是您对《易经》中"心学"部分的阐释，一定会对读者有所启发。

申荷永：如果让我在中国文化书籍中只选一本书，我选《易经》，我也希望喜欢深入心灵的人能来看看这本书。

【访谈手记】

幸好有心理学

在国内的心理学界，申荷永教授对荣格分析心理学在国内的传播与贡献是有目共睹的。与此同时，他还做了东西方心理文化的比较学研究。今天，国内荣格分析心理学的发展呈现繁花似锦的状态，与他多年的学术推广与研究是密不可分的。在这篇访谈里，申荷永教授重点谈论的是中国的《易经》与荣格分析心理学的关系，由此，他希望在当下的中国，深度心理学能影响到每一个人看待自己生命的方式。

今天，尽管不是每一个人都能理直气壮地告诉周围人，自己没有任何的心理问题，但这并不意味着我们得像个真正的病人那样去生活。实际上，心理学发展的重要意义并不只在于治疗，治疗只是心理学范畴的一部分，心理学对于人精神世界的研究范畴已经远远大于治疗所局限的病症视觉。探索人及其精神的存在已成为当代心理学研究的主导。

《三个汶川孩子的故事》所呈现的正是心理学要面对的深刻问题。因为他们要面临的除了巨大的心灵创伤，还有未来。他们该如何面对自己存在的问题？谁才能够真正帮到他们？如果没有自救的勇气，如果没有心灵对心理学哲学式的呼唤，未来的他们还能通过自己的方式去帮助和他们有同样经历的人吗？

从这个意义上来说，我特别理解申荷永教授为什么那样积极地主张拥有心理学的自救意识，我想这可能也是他热爱荣格的一个主要原因。心理学的两位大师级人物——弗洛伊德和荣格对人的心理研究有着不同的取向。弗洛伊德通过对精神病患者的治疗发现了人类无意识结构——原来众多的精神病患者都是在自己的无意识层面压抑了太多的东西，而这些无意识层面的东西大都和我们认为的不道德、羞耻有关。弗洛伊德最后发现，当一些人说出自己的不道德、羞耻，或者是秘密时，症状也随之消失了。我们在生活中也有这样的体验，秘密越多内心越沉重。相反，内心的开放程度越高，人越轻松。而另一位我们熟知的心理学家荣格做了一件与弗洛伊德相反的事情。荣格研究的是，一个正常人如何透过自己的痛苦和阴影，找到精神追求的制高点。在荣格那里，如何成为一个完整的人，才是人存在的终极价值所在。

深度心理学让我相信，人必须经由黑暗和苦难才能完成精神的救赎。所以，我也越发相信，三个汶川孩子的选择是心灵指引的结果。他们的经历会为我们身边那些对药物、酒精、麻醉制剂上瘾的人带来一定的启示。

如此，心理学的实质就是如何生活的问题。我相信，探讨这样的问题一定有益处，至少在你痛苦、低迷、失去什么时，你还可以说：幸好有心理学。

第七章

与真实的生活相遇

当一个人开始追问生命的意义时,也意味着他要开始与真实的生活相遇。但"追问"并不是所有的人都能做到的,生活有些时候是残酷、孤独、倒霉的代名词。我们怎样应对?逃避,还是直面?如何选择,唯有心灵给出指引。

生活在城市

每天六点刚过,张博[1]就准时从梦中醒来。

在西安西郊城中村一座不足 10 平方米的租住屋里,一张大床几乎占据了屋内三分之一的地方。冬日的寒气笼罩着张博的脸,除了蜷缩在被窝里的身体,屋里的一切是冰凉的。他身边的妻子和儿子还在酣睡,被子太厚,儿子的呼吸很粗。

更多的时候,张博希望自己还能再小睡一会儿,但这很困难,每天的这个时候,他的头脑都会异常清醒,那不是希望催生的兴奋,而是一种生活的紧迫感压得他喘不过气来。如果外面的亮光足以让他不再摸黑,他便起来。舍不得开灯亦不忍惊醒酣睡中的妻儿,张博在简单地穿好衣服后,拿冷毛巾擦一把脸便出门了。

七点钟,他会准时出现在离自己住处两公里外的城西客运站,等候着人来搭乘自己的电动摩托车,载他们去想去的地方。

这是他的工作,这几年来,除了一些短短的在公司打工的经历,他一直靠用电动摩托车载人养家糊口。这个 2003 年毕业于西北大学一所会计专科学校的八〇后,一直觉得自己的生活难以启齿。他原本可以做个体体面面的财会人员,但现在他是个每天都要担心被交警罚款的摩的司机,可这就是他的生活。

以前他从来没有为自己是个农民的儿子自卑过,可是现在他生活在城市,他为自己是个城市人自卑。

---

[1] 本文中人物姓名为化名。

儿子至今不知道巧克力是什么味道

去年冬天，儿子重感冒，张博一直给儿子吃药，希望他能扛过去，没想到儿子高烧到 40 度，一直不退，张博不是不想领儿子去好的医院看病，但冬天摩的生意不好，他每天只能挣二十几块钱，而在药店上班的妻子还不到发薪水的日子，他连 300 元都凑不够。最后，在妻子的央求下，他张口向在西安打工、条件同样不好的哥哥借了 300 元钱才把儿子送到诊所打点滴。

儿子病的那几天，天气突然变冷，张博用电动摩的载着儿子，要 30 分钟才能到诊所。每天输完液回家，儿子总会问妈妈："我们什么时候才能坐一次小汽车？"妻子哭了，张博也只能强忍住眼泪。

儿子多多已经 3 岁多了，他最喜欢问妈妈："巧克力是什么味道？"

张博想给儿子买点真正的巧克力尝尝，却怕孩子吃了还想要，他们的家庭，日子拮据到不允许任何一项多余的开支。

折磨人的职业病

大学时，张博学的是会计专业，这是个和钱沾染的行业，在别人眼中，他略显内向的性格很适合这个专业。

2003 年，在临近毕业的那几个月里，张博遭遇了人生的第一次挫折，那遭遇让不善言谈的张博对人际关系多了一份恐惧：他最信任的一个同学在广州替他找到了一份工作，当张博兴致勃勃地到广州时才发现自己掉进了传销窝。最让他痛心的是，自己带去的 2000 元钱被同学席卷一空，这是父亲在家乡的土塬上风里雨里开着蹦蹦车拉人，五角、一元攒的钱，是全家一年的储蓄！张博自责极了。那一年也是他家最难过的一年，奶奶去世，哥哥离婚，父亲烧自家的麦草时不小心烧了邻家的果园，家里的债务背了一大堆。张博恨自己一个大学生就这样轻而易举地被骗了，这个经历让他抑郁了很久。

他不敢把这次经历讲给父亲，因为父亲鼓励过他："一定要在城市扎下根。"

这样的期待让张博觉得更沉重。大学时，全家所有的收入都在供养他读书，虽然他从不乏对未来的希望，可他总觉得自己的性格中似乎缺少一鼓作气的精神。父亲那样爱他，他也那样爱父亲，这爱压得他喘不过气来。

毕业后他的第一份工作是在西安一家围巾厂做出纳，每月只有300元工资，这微薄的收入和他内心的预期落差太大，不过他还是硬撑着干了一年半，他觉得自己的大学算是白念了，可他不敢在父亲面前透露这件事。

2004年11月，张博去了山东，为一家中型化妆品公司做财务，起初的三年，公司的效益不错，张博每月能拿到2000元的工资，除了给自己留下少部分的生活费，其余的钱他一分不少都寄给了家里。生活的状况看起来在慢慢地变好。2008年，张博回老家结了婚，父亲骄傲地告诉邻里亲戚，张博是在外地一家大公司做会计。

原本他以为会一直这样生活下去，如果可能的话，他也许就会工作、生活在外地了，但这时他却患上了严重的强迫症。他说不清这个心理疾病是怎么"眷顾"上他的，只是财务工作无形中让他觉得很有压力，这个特殊行业中的很多潜在的风险也让他难以自如地应对，他开始整夜地失眠，重复一件事的症状已经严重影响到他的生活。

他能意识到自己的痛苦，他的眼睛似乎整夜都闭不上，明明知道账是对的，但他还是控制不住要反复地算，直到精疲力竭；白天出门时，明明知道液化气阀门已经关上了，他还是反复地检查一两个小时还折腾不完。除此之外，独在异乡的孤独亦令他感到焦灼不堪。

生活在城市却不属于它

2009年5月，张博回到了西安，他的强迫症没办法让他再做任何与账目有关的事情。

他找了好多地方，能让他可以承担房租、暂且落脚的只有这个城市边缘的杨何村，他住的房子，每月的房租还不到200元，就这样他还是觉得贵了点。自从住到这，他没有邀请任何人来过。儿子已到了上幼儿园的年龄，城中村的幼儿园是他这样蜗居在城市的家庭唯一的选择。

回西安不久，他先是在东郊一家奶粉厂找了一份做库管员的活，每天光往返就得两个多小时，他发现，疲倦的体力活动能缓解他的强迫症症状，如果每天他能让自己身体感到疲惫，晚上就能睡得稍好一些。他查过资料，强迫症是一种严重的心理疾病，是需要接受治疗的，可他哪有钱看这样的病？

在奶粉厂的工作也仅仅维持了 4 个月，只因为在发单流程上张博给主管提了一个小小的建议，没几天他就被解雇了。他抱怨自己为什么不会说话，不会处理人际关系，可后来更多的时候，他抱怨社会为什么总不给他机遇和平台。

他不想再去打工，每一次面临新的环境，他在心里还是有些畏惧人和人的关系，可他又不能不去工作，儿子要上学，妻子在药店微薄的薪水不足以养家。他念过大学，他不应该什么都不干。

他唯一的家当就是一辆电动摩托车，他只能试着利用这个在城市生活。他忘不了第一次拉人的尴尬，他戴着眼镜，眉清目秀的样子让别人很难把他和开摩的的形象联系在一起。他不敢主动搭话让别人来坐他的摩的，从早上一直到下午，终于有一个人主动来问他，他的摩的生活就这样开始了。

他有三次被警察抓住的经历。第一次被罚款 300 元，张博觉得好心痛。第二次、第三次，张博也学会了放下自己的颜面，他哀求交警，给交警讲自己的经历，或许是交警看他文绉绉的，就没有再罚过他的款，他也靠着这样的方式逃脱着交警、城管。

"我们生活在城市，却并不属于它。"一次，张博拉一个旅客去火车站，马路边一个理发店的音响里传来这两句歌词，不喜唱歌的张博牢牢地记住了这两句歌词：生活在城市，却不属于它。张博说："多真呐！就像在写我。"如果没有父亲的乐观作为精神支柱，张博说自己早就被生活压垮了，在抑郁严重的时候他不止一次地想过自杀。

一岩简析：

这是一个人真实的生活现状，有压力，有赤贫，有个体自身致命的习得性无助。但这就是我们生命的真相吗？我们对于生活的感受因为这些而索然无味，生活对于我们真的就只有活下去的意义吗？你看，贫穷阻挡了我们进一步向自己探索的脚步，它最令人沮丧的部分是，我们只对物质抱有想象和兴奋，除此之外，我们思维停滞，我们承认我们不行。但这不是真的你，这也不是真的关于你的生活的全部。你的创造力去哪里了？你运用生活的能力去哪里了？如果我们只被贫穷麻痹，那我们此生就活得太不够了。你可以试着唤醒退缩的自我，不必刻意以物质的方式为自己贴标签，你可以重新诠释自己的生活，哪怕做一个穷人，你也不能失掉一颗与生活一起跳动的心。

乔·卡巴金：以正念的生活方式面对压力

乔·卡巴金（Jon Kabat-Zinn）：生物学博士，禅修者，美国麻省大学医学院正念医疗健康中心创办人。其开创的正念减压训练体系不仅被国际医学界普遍认同，也被普通人实践并视为一种对生活保持开放态度的最佳途径。

　　七十多岁的乔·卡巴金博士精神矍铄，神采奕奕。他走起路来步履轻盈，使得第一次见到他的人基本猜不出他的年龄。他的状态令人羡慕，要不是他灰白相间的头发，人们很难用"老人"这样的词去描述他。

　　卡巴金是一名生物学博士。在麻省大学医学院，他在研究药物对于病人生理机能究竟能产生多大作用时发现，当他对病人配合使用"正念"的心理辅助训练时，病人不仅能够减轻疼痛感，还能够产生药物所不能达成的治愈效果。后来，不仅医学界完全接纳了他的这套理论，他个人也在世界范围内开启了一代宗师"正念生活"的倡导之旅。

将佛教正念理论引入西方医学的第一人

　　正念减压，是卡巴金博士起初为门诊病人设计的一个连续8周的训练课程。后来，这个训练模式被普通人尤其是那些备感身心疲倦的人练习运用，进而成为一种被很多人推崇的减轻压力的实用技术。而对于卡巴金来讲，重要的是要有正念的生活理念而非技术的运用。

在 2013 年 11 月的北京，当卡巴金被国内几所著名大学的心理系和医学院邀请，为人们讲述关于正念减压的研习之道时，博士请在场的人放下手中的笔记本和现代通信设备，"这是一个只需要你带着身体感受、敏锐地保持你的觉察能力的训练，你不需要记录下任何知识，"博士说，"我们已经知道太多的知识，以至于我们整天被知识缠绕而忽略了身心的需要。"

他是第一个将佛教中的正念理念引入西方医学治疗的人，"我并不代表佛教的权威而来，"他笑着对周围的人说，"我是来这里教授你们自己的文化的。"

一改以往中国填鸭式的教学，卡巴金的减压训练完全充满了体验性。多数时候，参加学习的人必须保持止语和静观。对于那些总是处在忙碌中的人来说，突然的宁静让人很不适。卡巴金向大家解释，坚持静观是让人们重新找回内心的平静，多数时候，经由头脑制造的忙碌，不仅增加了我们身体的负担，也改变了我们脑细胞的一些生物结构，而压力引起的身体不适，就是脑部管理情绪的组织——杏仁体活性增强、结构发生变化的结果。

作为分子生物学博士，卡巴金熟知压力的生物构成原理，但他并不在训练中讲述这些。密集式的静观、保持呼吸的觉察、漫步行走、缓慢吞咽，7 天里，这些在生活中一直被忽视的行为，给很多人带来放松和身心合一的体验。

在训练中，卡巴金和助手一丝不苟地带领大家做专注练习，他将禅宗冥想的概念引入练习，目的是让人留意每一个当下的发生。现代人过于匆忙的生活，忽视观察自己内心的需要和体验，这是造成压力的主要原因。在带领人学会观察自己的同时，他要求练习的人调整坐姿，找到有尊严的感觉。他说，一个人生病时往往会失掉自己的尊严，而有尊严的静坐姿势会重新调动起内在的自我治愈力量。

保持正念的生活态度，才能治愈压力

一岩：我本人非常荣幸地亲身实践了您的 7 日正念减压训练。您是个特别的老师，从第一天的训练开始，您从不讲述关于压力的知识，只让人们以禅坐、慢行的方式，静观自己的这些行为，这和解决压力问题有关系吗？

卡巴金：问在座的每一个人，恐怕没有一个人不知道关于压力的众多生物学知识，但那些知识似乎没有起到丝毫用处，越来越多的人被压力所困，在我看来，人们需要以内心的方式体验自己的压力，而非用知识去解释压力。

一岩：您所说的这个体验就是指"正念"的生活态度吗？这个概念会被人认为是一种佛教的修行方式吗？

卡巴金：我们只是汲取了佛教文化中普世的价值观，但倡导和使用"正念"又何尝不是我们面对外在世界最有效的方法？这个世界有太多苦难，病人们又何尝不受制于自己的苦难？还有那些身心被困的人，被自己的想法所累，"正念"的方式不是告诉人们世界有多苦、自己的病有多苦，"正念"是一种存在之道、体验之道。

一岩：在您看来，人们应该持有怎样的一种普世价值观，或者应该持有怎样的"正念态度"才能应对我们日益增多的生活压力？

卡巴金：我会讲到7种态度和生活方式，非评判、耐心、初心、信任、不争、接纳、放下。有目的地在生活中培养这7种基本态度，会让我们不至于被过深地卷入生活。我们知道，压力均来自于自己无法从自我的想法中解脱出来，这也是我们必须采用静观的方式来练习的主要原因。你不能用一个想法解救另一个想法，想法总会制造更多的混乱，我们只能用静观的方式平复更多的想法，最后让事情呈现它真实的样子。这7种态度可以加深和支持我们的静观，同时，我们通过静观练习强化这7种正念生活态度。

一岩：对于那些没有过多时间静观的人们，如何去达成"正念"的生活？

卡·巴金：我知道这种密集式的静观练习对多数人来说不太可能，但我们总能在一天当中抽出5分钟、15分钟，当然如果能保持每天30分钟就更好了。静观练习就是让我们保持一种觉察，体验自己的想法是如何忙碌地来往于头脑之间，而我们了的困境就是我们总是受限于想法，而忘记是我们自己制造了它们。

一岩：是的，通过静观练习，我发现我的头脑似乎一刻都停不下来，只有当我专注自己的呼吸时，才能稍息片刻。在生活中，我常听到很多人说"让我静一静吧"，人人都知道这样做的好处，但静观也许不只是坐在那里吧？

卡巴金：当然。静观的最终目的是让我们安住当下。过去、未来对我们不再具有强大的影响力，当下所遇到的一切才是我们的关注点。但人们不会无缘无故地这么想，正念减压要人们体验的，也正是这一点。

【访谈手记】

活在当下的能力，你有多少？

你时常"人在这里，心却不在这里"吗？

在卡巴金博士关于现代人"正念减压"的练习理念中，他非常强调一个人必须培育自己"活在当下"的能力。压力袭击现代人，并形成各种病症的主要原因，就是这种能力的丧失。当我们窥见压力的背后实质上是恐惧、自卑、自我否定、不安全等一系列生命必须面对的问题时，重新并渐次地与"活在当下""安住当下"的能力相连接，不仅是我们人生存在的命题，也是重新找到人生定位的最佳途径。

回到《生活在城市》中的主人公张博那里，这样一个苦苦挣扎在城市底层又患有强迫症的男人，他如何面对自己的压力？他又如何通过"安住当下"的心态度过眼前的困境而不至跌落到一种对人生卑怯的状态中去呢？卡巴金说，人之所以有压力、对处境失望，那是因为大多数时候，我们的头脑总是处在比较和评判的激烈运行中，而这样做的结果，是使得作为本体存在的我们，变成了"为某物"而存在，处在激烈运动中的头脑是不会有意愿和时间去探索新的可能性的。所以，很多人行动最终产生的结果就是激励出更多的沮丧、恐惧、失落、愤怒、强迫的情绪。情绪本身不具有改变的力量，改变是你能够觉察到自己的情绪。这就是人需要以一种正念的态度与生活相处的主要原因。

在《少年派的奇幻漂流》这部我们熟悉的电影里，派最终与老虎和平相处的唯一秘密就是，派愿意和自己的恐惧待在一起了。当他发现，恐惧（老虎）是他无法躲开的一道屏障时，他的注意力因此得以放在观察老虎和喂养老虎的行动上。压力也一样，逃避压力只能让压力更为巨大，学会与压力相处才能解决压力。这种相处的能力就是面对情绪的能力。"活在当下"的本意是：你需要感受自己的情绪，进而发现，你可以近距离地做一个观察者，而不至于每次都成为情绪本身。

卡巴金博士设计的各种练习方法，就是在培育我们的感受能力。小时候，我们的感受大都被剥夺了，比如当我们难过得想要哭时，大人会告诉我们"不许哭"，或是用糖果、玩具来阻止我们哭泣，或是教诲我们"爱哭不是好孩子"，这会让我们远离感受，也因此远离真实的内在世界。

不知你是否有这样的体验——当剧烈的情绪升起时，我们基本是在使用"替代"的方式解决问题，如：不高兴时通过骂人、打架、酗酒、购物等行为进行发泄。而"正念减压"教我们观察自己的情绪，你可以没有任何的行动，只是通过呼吸——这个简单得不能再简单的方式平复我们的情绪，进而解决我们的压力问题。卡巴金是当代身心医学领域的大师级人物，他强调自己并非一位心理学家，但他却做到了每一位心理学家都最想完成的事情：在完美的理性科学技术的验证下，他以非理性的体验方式拓展出治愈心灵的最佳途径。

【附】

练习呼吸，就能"在当下"——解读"正念"的练习方法

以放松和轻柔的方式来解决压力和压力背后的情绪问题，也许会颠覆你以前做事"替代"的原则——如果你以前的方式并不能解决你的压力问题，经由卡巴金创立的、已经被世界心理学界和医学界认可的"正念减压"，当然可以试一试。

以下所列的练习方法，你可以选择全部或者其中适合你的来做，尤其是在你接近压力的极限时：

正念的禅坐　找一处安静的地方，以打坐的方式，保持身体的端正，闭眼，很有尊严地静观自己。留意呼吸，并觉察自己，当注意力不在呼吸上时，头脑是怎样将你控制在过去以及未来的计划中的，最重要的是觉察自己的情绪是如何升起的。不带评判时，你会发现，情绪就只是情绪，来了又去了。

正念的慢走　缓慢而行，体验双脚是如何抬起又落下，觉察双脚与地面接触的感受，感谢自己身体的神奇，要知道这个世界上还有很多人无法走路。

正念的止语　可以有一段时间不说话，不与别人有目光交流。觉察，当不再有外界的认同时，你是否还能对自己保持一份欣赏。

正念的身体扫描　身体舒展地躺在地上，不受干扰。注意力从左脚开始，经由身体的每部分（内脏器官），最后终止于头顶，越缓慢、越细致越好。注意力在身体的哪个部分，呼吸就在哪个部分。此练习是让我们和身体建立深度联结，想一想，你已经多久未曾关心过你的身体，尤其是那些有病的地方。

正念的瑜伽　有选择性地练习哈他瑜伽，缓解颈部、腰部和腿部的紧张与疼痛。

也许之前你从未以这样的方式减轻压力和治疗心理问题，也许即使是现在你也不相信。但你完全可以抱着尝试新方法的态度，选择一天中固定的时间（最好是清晨无人打扰时）进行练习，通过关注自己的呼吸留意身体的感受，不评判不逃避，仅仅是保持对于感受的觉知就够了，这就是"在当下"的意思。

三位存在—人本主义心理学家对"挑战性经历"的阐释

存在—人本主义心理治疗是 20 世纪五六十年代发展起来的一种心理学治疗流派。存在—人本主义心理治疗注重个体对自己内在生命价值的审视,注重个体对栖居于深层意识中孤独、死亡等意象的本质性探索。在当代心理学领域,存在—人本主义心理学的治疗理念也贯穿于精神分析运动后期动力学治疗的各个环节当中。

2014 年 6 月 13 日,第三届存在主义心理学国际大会在广东外语外贸大学召开,我作为本次大会的参会人员,有幸与活跃在当今存在—人本主义心理学治疗领域的三位西方心理学家,就现代人面临的心灵困境进行了专业领域的对话。

路易斯·霍夫曼：很多人都缺乏描述自己情绪的能力

路易斯·霍夫曼（Louis Hoffman）：诗人，美国人本主义心理学会人本主义心理学分会前任会长，当代人本主义心理学治疗领域最为活跃的心理学家。

一岩：您在本次大会上的发言主要是关于情绪治疗的问题。我个人的感觉是，很多人对情绪都有深刻的体验，尤其是悲伤的情绪。大多数时候，我们对于生活的满意与否也大都与情绪体验有关，所以自我处理情绪的能力对现代人其实是非常重要的。

路易斯·霍夫曼：的确如此，但我想要重点谈论的是关于存在—人本主义心理学如何看待情绪的问题。关于这一部分，我们都得承认一种现状，我们周围的环境是不太愿意让人表露情绪的，尤其是悲伤的情绪。生活中有很多人，对于情绪的体验可能是非常单一的，当对情绪的体验扩展至对生活的体验时，我们也能认定，一些对情绪体验很单一的人，其对生活的体验也会是很单一的。

一岩：您认为是这些人没有体验的能力吗？

路易斯·霍夫曼：我是这样认为的。实际上，情绪是一种非常复杂的体验，干扰着一个人看待自己的方式。但我们可以对那些影响我们生活的情绪进行改善。首先，看你有没有描述情绪的能力，有些人对于自己情绪的描述可能只有几个词，但有些人可能会有三四十个，这就是差距，而描述本身就是一种体验和感受情绪的过程。

一岩：情绪描述的能力能让我们改善什么？

路易斯·霍夫曼：中国有个词叫"同理心"。一个人能够描述自己的情绪，才可能体验情绪。体验的重要性在于，我们能够体验自己的情绪，就能够理解别人的情绪，而"同理心"正是发生在这样一种基础上。人际关系互动中怎么能缺少"同理心"呢？假设一个人没有很好地体验过悲伤，当他伤害到别人时，他可能不觉得那是个伤害。更重要的是，描述的过程里暗含着治疗咨询的开始。

一岩：如果一些人缺乏这种能力，他们应该如何得到改善？

路易斯·霍夫曼：一个存在—人本的治疗师会引导他们首先进入体验的旅程，这要求治疗师本人有高超的描述丰富情感的能力。一开始，我们可能要让来访者试着描述他生活的家庭中的其他人都是怎么表达情感的。这个过程会让来访者觉察，他为何不能对自己的情绪有丰富的描述。但描述的意义并不在于让来访者深陷在情绪中，而是让他感知和确立对自己来说比较舒适的情感和情绪的表达方式，这是最终的治疗目的。

一岩：的确，很多时候，来访者要么抑制自己的情绪表达，要么完全被猛烈的情绪控制而成为情绪本身，这都是我们需要觉察和治疗的部分。

路易斯·霍夫曼：让来访者最终建立合适的表达情绪的能力，对咨询师有很高的要求。首先，咨询师本人要能时刻体察自己的情绪，有很强的情绪理解能力；其次，咨询师还应该有这样一种能力，那就是他既能引领来访者进入深度的情绪体验，同时也能够将来访者带出这个体验，这个带出的过程也是治疗的过程，更是帮助来访者确立自己舒适表达情绪和情感能力的过程。这是存在—人本取向的治疗师不同于其他流派治疗师的地方。

理查德·巴蒂尔：无趣是最好的老师

理查德·巴蒂尔（Richard Bargdill）：艺术家，美国人本主义心理学会人本主义心理学学分会秘书长，存在—人本主义心理学家。

一岩：我留意到，您主题演讲的重点内容是关于人如何面对存在的问题，这看起来很像是在探讨人如何与世界相处而不仅仅是治疗。

理查德·巴蒂尔：的确，实际上我是在讲人的存在方式，而且重点涉及人对自己生命感觉无趣的那部分。"有趣"对我们很具有诱惑力，但"无趣"对我们是个难题，它会让我们时常感觉生活没有意义可言。

一岩：是的，这是每个人经常遇到的问题。而且，人最大的烦恼也许就是明明知道无趣，但还不得不继续和某些无趣在一起。

理查德·巴蒂尔：所以，我首先会问那些对生活的某些部分感觉无趣的人，你是如何感觉到无趣的？一开始你就感觉到无趣吗？是什么导致了你生活的无趣？当你问了这几个问题，你会发现，很多人的无趣不是由生活本身无趣造成的，而是他们自身缺乏一种设计生活的能力，严格地讲，是一些人缺乏创造有趣生活的能力。有趣的生活不会摆放在那里等着你，生活在某种程度上甚至不存在有趣一说，有趣是被创造出来的。这是存在主义心理学的一些基本观点。

存在主义心理学是建立在存在主义哲学基础上的，而存在主义哲学被一些人喻为"悲观的学说"，因为它让人们了解生活的实质以及人存在的实质问题。

一岩：对此，我有同感。存在主义哲学和心理学理论探讨的永远是关于人畏惧面对的部分，比如责任、孤独、死亡，这不是有趣的部分，比起享乐主义，这些生命议题甚至会让人逃离。

理查德·巴蒂尔：这正是我们生活出现问题的原因。有时候我们会将享乐的部分当成是有趣，但享乐的生活都是靠不住的，也经不起考验。只有当我们能面对基本的存在议题，真正属于生活内涵的部分才能被挖掘出来，这是创造存在意义和有趣生活的基础，没有这样的前提，生命不会获得持续性的满足。

一岩：当我们已经逃离，却逐渐意识到逃离给我们带来的对生活的胆怯、焦虑和空虚时，我们如何才能够回归？

理查德·巴蒂尔：我会训练这些人恢复对生活的敏感。有多少人对不尽如自己意的事情敏感，但对于生活、自然却是反应迟钝的？他们对美的变化、对艺术丧失了感受力，谈不上敏感，也无法设计自己的生活。我们不可能直接让这些人进入生命实质性的议题并进行创造，比如你非要让人面对死亡这个议题，很困难，但恢复他们对自然、对艺术的感受能力，就是在恢复他们对生活的感受能力。这样，逃离会变成拥抱，生活的敏感就是这样建立起来的。

一岩：从这个意义上讲，无趣的生活仿佛也是某种改变的契机。

理查德·巴蒂尔：当然。无趣是最好的老师，当无趣开始，我们就要追问无趣，没有这样的追问，你不会理解关于如何存在的问题。

默特·海里：对挑战性经历的在场

默特·海里（Myrtle Heery）：国际人本主义心理研究所所长，美国著名心理学家布根塔尔的学生。

一岩：我注意到，您是这次国际心理学会议中唯一的持有存在治疗观的女性心理学家，这并不多见。

默特·海里：你是对女性治疗师选择存在取向的治疗观感到好奇吗？在你看来，这与男性治疗师有何不同？

一岩：存在主义的心理治疗更像是一种哲学的治愈，女性偏重非理性的思维特征是否会妨碍对这一治疗取向的深入延展？

默特·海里：首先，我自己没有这样的体验。存在哲学适用于所有的人，无论男人还是女人，因为生命面临的选择都一样。其次，我个人更有一种体会，女性偏重非理性思维的特征对于理解存在命题更有一种优势。女性细腻、包容，对于来访者的情绪变化和体验更具有一种觉察力，而且女性更善于捕捉到来访者在咨询过程中的阻抗意识。

一岩：我非常荣幸能够听到您关于女性治疗师的论点。您的主题发言中，阻抗内容是其中的重点，而"阻抗"这一概念在经典的精神分析治疗中常被提及。存在一人本心理学如何看待人的阻抗意识？

默特·海里：实际上我愿意谈论关于阻抗的主要目的在于一些来访者对于自己的阻抗行为根本是无觉知的。你是否有留意到，生活中很多人会经常用到诸如"可能""也许"这样模糊的词，这意味着这些人对于生活是缺少承诺感的，这就是典型的阻抗，不光具有学术上的含义，更是个体面对由自我构建出的世界的态度。

一岩：由阻抗导致的对生活承诺的丧失，究竟具有怎样的意义？

默特·海里：如果一个人丧失了对生活的承诺，他还会对他的存在方式有新的兴趣吗？这又回到了人如何存在的议题上，你有没有发现，现代人产生心灵困境，多是因为我们不再对自己保有好奇心，所以就不再为未知的生活做出承诺。

一岩：实际上阻抗不仅仅存在于治疗的领域，它已经蔓延至我们对待自己生命的态度上。

默特·海里：我提到过一个概念，就是当我们面对挑战性的生活时，我们需要保持对这种经历的"在场感"，当你"在场"时，你就是在运用自己的好奇心，你就是在承诺。承诺是很简单的事情，它指向终极的人性关怀，这是存在的本质。

一岩：我遇到的生活中的很多人，他们有生存的压力，有爱与被爱的压力。一般来讲，人人都希望自己是有价值的、有担当的，但事实是恐惧会让我们逃避，所以保持"在场感"是很不容易的一件事情，尤其是做起来！

默特·海里：我们不得不承认，逃避是现在的人最擅长用的防御方式。但我们也要看到逃避后面的良好动机。一个人为什么要逃避？为什么会觉得有些事情是威胁、恐惧？他逃离这些，他不愿意看这些，是他对自己能力的怀疑，还是他应对生活的模式就是这样？存在治疗的意图是帮助一个人先理解他独特的存在方式，即使他的存在别人并不看好，但这又有什么关系呢？如果治疗师能让他看到，他这样做的目的就是保有自己那份独特性，让他看到他极力想要维护的是关于"我"的存在，他就会保有一份"在场感"。如果这个意图也能被个体所吸纳，每一个人都可以成为自己的治疗师，每一个人都可以用这样的方式和自己互动。

一岩：所以，没有"在场感"就没有挑战性的经历，挑战性的经历会巩固个体面对生存压力、情感危机的经验。

默特·海里：没错。实际上，"在场感"和"挑战性经历"是并存的，没有逃避就是在场，身在问题之中就是一种挑战。生活怎么能没有挑战，生活又怎么能没有压力和恐惧呢？存在的过程就是面对这些的过程。我们怎么去预设生活呢？生活不可能像我们预想的那么幸福，生活的每一刻都可能是一种挑战，所以，生活的每一刻都需要我们在场。生活是勇气，有众多非理性的构成，你在其中，你感受到勇气，你由此感受到你的存在。

【访谈手记】

培养你的"在场感"

当我与当今极为活跃的这三位国际存在—人本主义心理学家对谈后，我个人对存在心理学有了更深的理解。存在心理学的核心治愈理念是：你必须"在场"，哪怕目前的境地很糟糕，否则我们没有办法制定解决问题的策略。实际上，在这里，"在场"不仅仅体现为空间上的你在，更体现为在心理场域中，你在其中，这样你才可能与问题有联结，与你对问题的体验有联结。

人本心理学家布根塔尔说，无论我们如何设计自己的人生，我们总是处在不断的变化当中，我们的挑战就是不断面对这些变化，"根据它多样性的特征对其进行甄别，并做出有意义和行动导向的应答"。更为通俗的解释就是，面对自身的命运，个体需要有迎难而上的精神。

人对问题的回避，最显著的特征是：我防御，我抵触，我抽离。一味抱持这样的态度，我们便无法对命运做出有责任的承担，这几乎是一个人感觉生活无趣、排斥挑战性存在的核心所在。存在主义心理学强调自由与责任的关联，如果一个人的生活到了无趣的境地，它一定与你的逃避责任有关。所以，如果没有你的在场，谈论一切关于你的话题都是没有意义的，你必须在"此在"中，你的意义是你自己赋予的。

第八章

情绪与情感越是被更深地隐藏，就越远离我们的意识中记忆和人格的部分，我们也越难以找到语言去表达它们。

爱能治愈

孤儿的心灵需要陪伴

讨礼物的孤儿

2007年年初,一直从事学前教育研究的华南师范大学心理学教授高岚,作为联合国儿童基金会的特聘专家,在辗转于甘肃、宁夏、青海、广西等地的孤儿院实地考察中,经常会遭遇这样的情形,很多孤儿院的孩子会主动问到访的人:"带礼物了吗?"

高岚清楚,大多数孤儿院并不缺乏外界的各种爱心捐赠,孩子们那种仪式性的"讨要",在高岚看来,是一种"心灵无家"的表达,每一次,那些孩子惯性机械的表情总会令她想到与自己职业相关的"心理问题。"

而真正促使她和丈夫申荷永下决心以心理学的方式介入儿童关怀的却是2007年的3月。

被遗弃的孩子内心无家

那是一次到广州市儿童福利院的公务性探访,一名已经技校毕业的17岁孤儿主动提出要高岚为自己介绍一份工作。

考虑到这名孤儿因儿时脑瘫留下的走路不便的后遗症,高岚特意让自己的朋友为他安排了一个在物流园办公室的工作,又因为城里上下班时间过长,高岚还特意让朋友为他安排好了宿舍。但在听完高岚的介绍后,这个孩子还没去便回绝道："这么远，条件也不是很好。"高岚始终记得这个孩子一脸诧异的样子，"仿佛那不是现实"。

在高岚的一再鼓励下，这个孩子勉强答应和高岚去工厂看看。没想到，在看到四人一间的宿舍时，这个孩子用基本没商量的语气告诉高岚："没办法在这么差的条件下工作。"

已经有心理准备的高岚虽然对孩子这样的反应感到一丝意外，但随后却"不再怪他"。在她看来，大多数时候，在孤儿院长大的孩子已经习惯"等物质、等救济"，突然在某一个时刻真正需要自己做什么时，"内心流露出畏惧和空洞是自然而然的事情"。

而在此之前，经常在国外讲学的申荷永也总会在华人的圈子里看到被领养的中国孤儿，"在一个陌生的国度，看到自己国家的孩子被领养，会是什么样的感觉？"

也许正是基于这样一种对孤儿的共同关注，在高岚提出要建立一个针对孤儿心理辅导的公益机构时，申荷永"毫不犹豫地就同意了"。

2007年3月的一个周末，高岚带着自己心理系的学生来到广州市儿童福利院，在孩子们叽叽喳喳的围观声中，高岚和学生将一个盛有沙子的木制盒子摆放在一间教室的中央，随后，四周的书架上也被摆满了各式各样与玩具相仿的小道具。高岚鼓励那些有好奇心的孩子用书架上的道具在有沙子的盒子里"作画"，一个针对儿童心理辅导的公益组织——"心灵花园"就这样诞生了。

借助于盒子（沙盘）、沙子、道具（沙具）进行的"作画"游戏，实际上是一种被称作"沙盘游戏治疗"的心理治愈技术，在申荷永、高岚看来，让孩子自由挑选玩具，在盛有细沙的盒子里构建属于自己的世界，以此判断、解决孩子内心的冲突和进行心灵转化的"沙盘游戏治愈技术"，最适合帮助儿童解决心理问题。

1993年，在美国访学的申荷永最先接触到这种技术，随后，在他和妻子高岚取得"国际沙盘治疗师"的资格后，便一直努力在国内引进、推广这项技术。

爱是陪伴

在广州市儿童福利院，6岁的点点是在"心灵花园"设立后，高岚以"沙盘游戏"辅导的第一个孤儿。

由于先天性脑瘫和手术的失败，被抛弃的点点从一开始就不能走路，这个平时极为沉默的孩子也基本没有表情。

每次周末活动时，高岚抱着小点点选沙具，通过他目光在沙具上停留的时间来判断他喜欢的沙具。细细的沙子开始在这个小男孩的指缝间滑动，一双大手和一双小手在非语言的空间里默默地建立起某种关联。

起初，点点的沙盘里基本没有太多的画面，柔弱的小动物散落在沙盘四周，除此之外就是用沙丘构筑出来的隔离带。后来，沙盘里开始有了房子和人，直到6个月后的某一天，沙盘中开始出现绿色的植物和小桥下流动的水，而这时，这个叫点点的孩子开始有了笑容，也开始借助辅助的设备练习走路。

点点的变化使得那些和高岚一起在福利院进行康复治疗的联合国医生极为惊讶，在过去的几年里，这个不怎么说话的小男孩基本上是被动地接受着药物治疗，收效甚微。对此，申荷永和高岚这样解释："不是谁治愈了谁，是游戏的陪伴力量打开了封闭的心灵。"

"陪伴"是这对夫妻在创建"心灵花园"时，为志愿者们定下的基本调子，"陪伴就是一种爱，爱能治愈一切。"申荷永说。

多年前，在美国访学的申荷永曾在一次华人的聚会上碰到一对收养中国孤儿的夫妇。聚会上，这对夫妇襁褓中的婴孩啼哭不止，申荷永伸手接过孩子，喃喃有声，没想到孩子竟然停止了哭泣。申荷永有些得意地告诉那对夫妻："要多对孩子说中国话。"但随后，同为心理学教授的同学告诉了申荷永一个"秘密"，原来这个女婴是被母亲丢弃的，被收养后，只要被女性抱就会自然哭泣。

申荷永一开始并不信这个："一个襁褓中的婴儿怎能分辨男性和女性？"但当同学再次为他示范时，他信了。这个不会说话的孩子通过感受抱着自己的人的心跳，竟能真的在意识里分辨抱自己的人是男性还是女性。

这次经历一下让酷爱《易经》的申荷永想到了"感应"这个词，"心灵的治愈难道不是感应在发挥作用吗？"在他看来，孤儿院的孩子因为见惯了来来去去的人，并不会轻易向人打开心扉。如果辅导者在和儿童工作的沙盘游戏里，一直是以一种陪伴者的角色与孩子相处，久而久之，那些曾经受过心灵创伤的孩子一定会被感化。

"心灵花园"对孤儿院儿童心理援助的模式不仅得到了志愿者的响应，也被政府所认可。在近10年的时间里，"心灵花园"在参与灾区心理援助的同时，在全国一共建立起60多个志愿者工作站，学界赞其为心理学被用于实际公共需求的典范。"无条件持久陪伴""以爱治愈"是"心灵花园"志愿者秉承的工作理念，对于创建者来说，持有这样信念的助人行为本身就是一种自我救赎。

一岩简析：

沙盘游戏治疗是最适合儿童的心理治疗技术。儿童虽然不能运用语言与成人进行流畅的沟通，但儿童可以借助图像毫无阻碍地转化自己内在的语言，由沙子、沙具、沙盘、水呈现的具象场景，能为儿童无意识语言的流动提供舒展的场域。儿童虽然不能描述自己的创伤，但可以通过创造图景的方式，在心灵空间中象征性地完成修复的工作。孤儿院的儿童，内在封闭的程度往往是语言无法直接触及的，沙盘游戏既是陪伴，也是爱与治愈。而这一切也同样适用于所有受伤的心灵。

茹思·安曼：情绪、情感体验对每一个人都是重要的

> 茹思·安曼（Ruth Ammann）：国际荣格心理分析师，曾任国际沙盘游戏治疗学会主席。沙盘游戏是一门以荣格心理分析学为基础的心理治疗技术，由荣格的学生多拉·卡尔夫创立，是"在医患关系提供的自由保护空间中，将沙子、水和沙具运用于意象的创建，营造出患者意识和无意识之间的持续对话，以及由此而激发的治愈过程和人格发展。"

  茹思·安曼既是一名荣格心理分析师，也是国际沙盘游戏治疗学会的主席。我因为致力于儿童心理治疗的缘故，于2013年开始学习使用沙盘技术疗法。和所有喜欢这门技术的其他人一样，从接触沙盘开始，我便被这项技术所蕴含的无穷内涵所吸引。这是一项通过手的活动使意识与心灵、身体联结的技术。茹思·安曼在其著作《沙盘游戏中的治愈与转化：创造过程的呈现》中，曾这样表达这项技术的治愈功能："在任何情况下，沙盘都能深深吸引儿童和成人，因为他们都有一种人类深层次的需要，就是表达和塑造他们的世界。"

  茹思·安曼曾是沙盘游戏的创立者多拉·卡尔夫的学生，这使得茹思不仅吸收了真正的荣格学派沙盘游戏治疗技术的精髓，也对这一技术有着炉火纯青的运用和深刻的阐释。而她恐怕也是第一个这样定位治疗师"性别"的人："作为分析师，我觉得自己既不是母性的，也不是父性的，我对于接受分析者的态度是依据他在治疗过程中的需要而定的。"

  这是茹思·安曼对于自己的定位，实际上也对治疗师这一角色提出了更高的要求，这非常符合她的治疗观中对移情的运用与重视。茹思也是难得的以理性方式自如阐释沙盘技术非理性环节内涵的治疗师："身体明显地具有属于它自己的意识，这种意识和理性的思考无关，但是和图画的意象世界联系在一起。

在这种情形下，身体知道的比理性思维还要多。"

不得不说，现代人习惯于逃避生活的责任，对未知事物缺乏探索的热情，对大自然越发疏离并丧失敬畏的种种现实正是我们轻视非理性意识的结果。茹思也因此总结道："情绪与情感越是被更深地隐藏，就越远离我们的意识中记忆和人格的一部分，我们也越难以找到语言去表达它们。"

茹思是我所见过的最有个性的心理学大师，对茹思进行访谈并不是一件容易的事情。一方面，她来中国的时间总是被讲课、督导个案占满，另一方面，她似乎对在课堂之外继续谈自己的专业兴致并不高，毕竟她已经80多岁了。

2014年3月，在杭州参加完她的培训后，我有幸陪同她一起去中国美术学院参观王澍的建筑作品，当我通过申荷永老师的口头翻译和她一起聊天时，我也对她作为治疗师本身，而非她的专业产生了浓烈的兴趣。

一岩：我很好奇，你为何对王澍先生的建筑作品很感兴趣，实际上在我国国内，很多人还不知道他呢。

茹思·安曼：你得问我，为什么对建筑艺术感兴趣。除了分析师，我还是一位建筑师。王澍先生在国际上是一位有影响的艺术家，你们不了解他吗？我可是他的忠实"粉丝"。

一岩：对艺术的爱好和艺术家这样的角色，对你成为心理学家和理解心理学产生了怎样的影响？

茹思·安曼：在我看来，我首先得热爱生活，其次我才是一个心理学家。对艺术的热爱和从事艺术是我拥有生活或自我最主要的途径，这也许和你想的不一样。如果我们对生活毫无兴奋和有乐趣的感知，成为心理学家有什么意义呢？看看这些建筑、植物，它们可比我有意思多了，你要多拍拍它们，不要总是给我拍照（笑）。

一岩：沙盘治疗在某种意义上也是一种建筑艺术的创作过程。

茹思·安曼：这样说也没错。但放在治疗的情境里，我们使用沙盘技术可不是让来访者进行所谓的艺术创造，沙子和沙具所塑造的意象背后，是被分析者身体、情绪和心灵参与互动的过程。我们需要的就是这种重要的体验过程，即手接收到了来自无意识的能量，这些能量借助沙子变为可见和可触的图像，我们在意的是过程而不是结果。

一岩：我知道您是一位非常在意治疗体验的心理学家，当我看到您对大自然、对建筑艺术的热爱时，我能强烈地感受到这一点。

茹思·安曼：我说过，分析师并不靠言语来完成治疗过程，分析师的人格是最重要的。如果分析师对生活的反应是迟钝的，她如何带动被分析者的能量流动起来？对生活保持热情和敏感性是分析师最重要的品质，这比她掌握的分析技术更重要。

【访谈手记】

作为咨询师的存在

沙盘游戏治疗的精髓是"爱的陪伴"，这一治愈理念在《孤儿的心灵需要陪伴》里被呈现得淋漓尽致。因无数种原因被抛弃的孤儿，当他们需要重新信任一个人和一种环境时，他们凭借的是什么呢？是一种无条件的爱，其最高形式就是陪伴。

在茹思·安曼那里，陪伴又具有双重的含义。其一，陪伴作为一种形式，其目的是治疗，没有陪伴行为本身，就不会有治疗发生；其二，"陪伴"不是单纯的陪伴，咨询师的存在本身决定着陪伴的好与坏，只有一个够好的咨询师才能创造出好的陪伴，否则，就会对被陪伴者造成二次伤害。也许正是因为这样，茹思才会将咨询师的人格魅力置于咨询的技术之上。

茹思是目前世界上顶尖的沙盘游戏治疗师之一，但比起她心理学家的身份，我却更为钦慕她周身所散发出的对生命张力的追寻精神。在讲述沙盘游戏治疗技术的核心究竟是什么时，茹思·安曼强调的仍旧是情感在技术中的运用。作为咨询师，最关键的工作不是自己对沙盘的阐释，而是在咨询过程中捕捉来访者的情感体验。比起一幅沙画的创作，支配来访者创作的情感与情绪表露，才是最关键的可被使用的治愈资源。茹思让我想起佛教中"见月忘指"的公案，难怪，荣格学派的分析师都那么钟情于中国文化。而她，80多岁高龄还仍旧保持着对生活、对艺术那种鲜活的情感，这可能是中国人难以想象的事情。

当教育被功利性绑架，就失去了其最本质的目。家庭教育能否成为和学校教育并行的载体而不仅是附庸，拷问着社会究竟应该对教育抱持怎样态度。

第九章

教育的终极目的是获取心灵自由

痛失儿子的爸爸

老路[1]最后一次听见儿子叫"爸爸",是 2012 年 8 月 31 日的早上。

这是全国中小学生结束暑假返校的日子。

这年夏天,水果普遍涨价,和妻子春玲从事水果零售的老路,生意比往年明显要好一些。此前,这个 43 岁的男人甚至在心里盘算,等即将上初二的儿子冬冬报完名回家,他要心平气和地跟他提新学期的要求。

老路没有想到,在这个阳光明媚的早上,他的自尊心再次受到重创,厮打和施暴暂时化解了他内心的愤怒和委屈,但他却注定要在人生中最后一次听儿子叫自己"爸爸"。

爸爸,饶了我吧!

这一次,教训完儿子,老路觉得很疲惫。

早上七点过一点,老路就催促妻子和自己一起去给将要上初二的儿子冬冬报名。

儿子就读的中学就在老路家的隔壁,走路只需花六七分钟。

整整一个暑假,老路和妻子除了早出晚归地卖水果,最操心的就是儿子的暑假作业。每天进门时,如果能看见儿子坐在书桌前写字,老路第二天一整天

---

[1] 本文案例中人物姓名全部为化名。

脸上都会挂着笑，卖水果时对顾客也是格外有耐心。

但这样的情形在老路的记忆里却是寥寥无几。没有父母在家，冬冬大多数时候都在网吧，即使是去同学家玩，也基本离不开电脑。

作业是老路和妻子最担心的，如果暑假作业完成得不好，他们又会面临被班主任叫去的窘境。

报名时，老路最担心的一幕还是发生了。

放暑假前，儿子因为成绩差被班主任通知开家长会。害怕被父亲谴责的冬冬一直没敢把这个消息告诉父亲。开学报到时，这件事成了班主任谴责老路夫妇的导火索。

报名显然很不愉快，老路和妻子"被教育"，冬冬也不能顺利报名，除非他能在全班面前写一份"不再调皮，好好学习"的保证书。

倔强的冬冬当场就拒绝了，老路当着老师的面抽了儿子一巴掌。

一家人离开学校，一路争吵着回到家，老路进门的第一件事就是将自家的铁大门关上。

老路家的后院还有三四个租住户，他们已经习惯了老路经常训斥孩子，关门的动作让他们感觉老路又要动手打孩子了。之前，他们也目睹过几次这样的情形。

一开始还只是老路和春玲命令儿子写保证书的声音，紧接着就是厮打的声音，那是在冬冬说完"打死我也不会写保证书"开始的。

起先是老路动手，春玲扑到丈夫和儿子之间拉架。

地上的一块砖成了儿子反击父亲的工具，老路的头被儿子狠狠地拍了几下。

以往也会有这样的扭打，但儿子不是趁机从大门跑出去就是钻进爷爷奶奶的房间。而今天，已经80多岁的爷爷和奶奶下地除草去了，大门又被老路插上了门闩。

儿子的反击让妈妈春玲也很恼火，她也开始了对冬冬的抽打。

虽然只有13岁，但冬冬的身体发育却极好，150多斤的体重和1.75米的身高，让老路在回击时显得很费力。

老路于是命令妻子去拿绳子。

这一直是一个很奏效的办法。冬冬上初一时，第一次在网吧彻夜未归，老路就和妻子找来绳子将儿子捆在窗户下，打到儿子告饶才罢休。那一次教训后，儿子的表现好了一些，大约有一个月的时间没再去网吧玩游戏。

因为有妻子帮忙，冬冬被捆住了双手。晌午的阳光很刺眼，老路抬眼看儿子时，儿子倔强的表情让他的愤怒再次升温。尽管如此，他仍然希望儿子此时能告饶并答应写保证书。但儿子显然没有这个意思，虽然双手被捆，他还是一次次地扑向父亲。

这一次老路被彻底激怒了，刚刚被儿子用砖拍过的头的疼痛促使他抄起擀面杖在儿子的屁股和大腿上猛抽。

"写不写保证书？"老路大声问。

"不写！"冬冬大喊。

妻子也夺过擀面杖抽了儿子几下。

老路又随手捡起了院子里水池边的一节塑料软管，这次的抽打几乎没有固定的地方，疼痛的冬冬躺在地上打起了滚。

问话还是围绕着"写不写保证书"进行，但每一次软管落下，冬冬还是说"不"。在稍稍休息后，老路又随手抄起了一根三角皮带。

伴随着老路"为什么你让老师也瞧不起我"的质问和抽打，躺在地上的儿子不再打滚，只有抽动没有喊叫，显得很安静。时间过去了近两个小时，老路嘱咐妻子："你再去给娃报名！"

楼上的房客没有一个人下来试图阻止这场厮打。"这是家事，我们不方便插手。"事后，一位房客对前来调查的民警说。

就这么失去了你

老路也觉得这次打儿子打得有些过了。按照惯例，暴打过后，儿子会趁机跑出门外。可这次，儿子只是安静地躺在地上，大口大口地喘着粗气。

老路再走过去看儿子时，见儿子脸色蜡黄，老路感觉很不妙，他推了推儿子，儿子竟没有反应。老路有些惊慌，他首先想到的是村东头小门诊那个退休医生。老路一路小跑到诊所，很不凑巧，没有人上班。

春玲用家里唯一的手机拨通了"120"急救电话。正是晌午吃饭的时间，老路所住的街道里响起了村民们很久都没有听到过的救护车的鸣笛声。被抬上救护车的冬冬最后一次问奶奶要了水喝。

老路一直躲在人群后，看着被救护车拉走的儿子，他心里有些惊慌。他希望这只是一次偶然事件，过不了多久，儿子仍然会活蹦乱跳地偷偷钻回家。

老路是最后一个知道儿子没有被抢救过来的人。家里的手机一直被妻子拿着，儿子进抢救室的时候，惊慌失措的老路一直在医院的大楼外徘徊，他肯定儿子这次一定很生他的气，他不敢靠近手术室，他担心儿子看见他，哪怕是听到他的声音，会情绪激动，影响手术。

民警拉走儿子的尸体去第四军医大学附属医院尸检时，老路甚至还在想，等儿子醒来后他要告诉他，如果实在不想再念书就算了，他不会再动手了。

用公用电话和妻子通完话后，老路就找不见人了，他没有手机，警方只好派出四路人马"追缉逃犯"。

老路没有逃，儿子已经死了的消息让他不知道该去哪。

他去了抢救室，病床上空无一人。老路多希望这次是妻子吓唬他，儿子其实是转病房了。

曾经熟悉的路让他无法分辨东南西北。夜深了，他不知道怎么走到了河边，"要不要跳下去"的念头让他痛苦，他怀疑儿子是否真的已经不在了。

天亮时，一脸沮丧的老路站在洪庆派出所门前，他不敢相信，就在昨天也如同此刻一样阳光明媚的清晨，因为冲动，他失去了生命中最重要的一个人。

"爸爸，饶了我吧！"老路永远都不能忘记13岁的儿子冬冬最后一次叫自己的情形。

为了儿子，什么苦都能吃

作为家中的老幺，老路小时候颇为调皮，虽然其父在40多岁时才生下他，但他"为做错事挨父亲的打是常事"，只上到初二便退学回家。

成年后的老路也曾怀揣着梦想，勤勤恳恳地奋斗过，但命运似乎总是不怎么眷顾他。老路婚姻也很不顺利，前两次的婚姻都很短暂，村里很多人甚至都不记得他之前的媳妇长什么样。第三次，老路娶了邻村的春玲，30岁时，老路有了儿子冬冬。

老路的日子一直很拮据，除了一副硬朗的身板，他几乎没有什么手艺，更没有可以做小买卖的资本。

几年前，一个熟人告诉老路，卖水果可以挣到钱，于是他通过贷款买了一辆农用三轮车。卖水果的情形并不像他起初设想的那样好，但老路和妻子总算是有了相对固定的职业。为了批发到好的水果，老路经常会开着三轮车直接去铜川果农那里，"就是为节省那一二百块钱"。

为了占到有利的地方卖水果，老路经常比别的小贩早一两个小时起床上街。有时候，老路会因为水果还没卖出去就已经腐烂而大发雷霆。唯一让老路感觉吃苦是值得的，是儿子冬冬。

永远的告别

冬冬也是一个曾在父亲怀抱中撒过娇的孩子，但总是疲于奔波、忙于生存的父亲和母亲并没有太多的时间照顾他。

这个父亲和母亲总不在身边的男孩贪吃，小学四五年级时，冬冬的身体发育就已经远远超出了同龄人。在路家同辈中，冬冬是最小的男孩，上至爷爷奶奶，下至堂姐弟，都宠爱着他。但这个看似被宠爱的男孩性格却有些内向，"从小到大，从不向家人坦露自己的心事"。

冬冬在学习上一直不太上心，这让老路非常恼火。在指导儿子学习方面，老路唯一能做的就是在偶尔看到孩子乱七八糟的作业时大发雷霆。

小学毕业后，冬冬原本可以上一般的中学，但要强的老路"却不惜花掉一家人半年的生活费"，找人让儿子进入一所竞争非常激烈的重点中学。于是小学基础本不怎么好的冬冬很快就沦为班里的差生，老路和妻子也成了经常被老师叫去谈话的对象。

一个名叫《地下城与勇士》的游戏深深吸引了冬冬，这是一个充斥着暴力与征服性质的游戏,回家不见儿子的老路总能在网吧找到正在玩游戏的儿子。

冬冬第一次上网吧彻夜不归后,老路将他反绑,直到打得儿子告饶。此后,虽然好了一阵,冬冬却一直没有改掉上网打游戏的爱好。而老路,因为这些事,加上三天两头被儿子的班主任叫去谈话,让他见了儿子就想训斥。

自从老路夫妇开始卖水果,冬冬在一天的时间里难得和父母见上几面。为了能多有一些收入,老路和妻子通常会比其他的小贩晚回家,"深夜一两点回家是常事。"

为了儿子的成绩能有所提高,他甚至不惜花去近一月的收入给儿子买了点读机,却在一次和儿子的争吵中将点读机砸得粉碎。

被警方控制的当天,为老路送衣服的亲戚从他家里找不到一条完好的裤子。十几年来,老路几乎没有给自己买过新衣服,却一直在为儿子请每小时付费不薄的家教。

一岩简析:

一位父亲,亲手毁掉了自己最爱的孩子,支持他这样做的内心信念究竟是什么?在传统教育观念的误导下,他对自己被嵌入这个观念中的自卑心理有所觉察吗?看起来是没有的,因为主导我们教育的核心部分是功利而不是人的价值。所以,老路这个朴实却可怜的父亲,就成了我们教育体制下必然的牺牲品。教育的终极目的是什么?为了不让更多的家庭悲剧发生,我们必须重新审视我们对于教育的理解。

耶普·斯鲁伊特：教育就是解放心灵

> 耶普·斯鲁伊特（Jaap Sluijter）：心灵教育文化传播导师，现任克里希那穆提美国基金会主席。克里希那穆提是印度及世界著名的哲学家、思想家和教育家。

17岁那年，英国人耶普·斯鲁伊特在瑞典的一家书店看到了克里希那穆提（以下简称"克氏"）的著作后，便被克氏融汇着东西方古老智慧的哲学思想所吸引。在英国，大学毕业后的耶普·斯鲁伊特在一次公共演讲集会中见到克氏，此后便一直为其在英国和美国的基金会工作。对于耶普·斯鲁伊特而言，在当下这个只关注物质生成而不观照心灵感受的社会，积极推广克氏关于认识生命的哲学教育思想，将会帮助人们从另一个角度更好地生活。

教育是为了让我们了解生命

一岩：我们现在生存的时代已经与克氏在西方创建其哲学思想的年代很不一样了，您认为，他的哲学教诲还适用于当下的人们吗？

耶普·斯鲁伊特：在我看来，在当下的这个时代，人们比任何一个时期都更需要克氏的思想来指导自己的生活。克氏的哲学思想不是形而上的，他的思想完全可以用于指导人们如何更好地体验生活以及如何让世界更和平。凡是接触过克氏哲学的中国读者都知道，克氏所有的思想都涉及人如何更好地认识自己，如何创建自己的生活。教育、关系、谋生、自由等都是他反复提及和思考的主题。

一岩：您已经为克氏基金会工作十几年了，据我所知，克氏基金会投入最大的就是教育。

耶普·斯鲁伊特：是的，克氏基金会在美国、英国和印度都有自己的学校，我们的教育完全遵循克氏关于真正的教育是什么的教导。现在看来，它与现在西方心理学所倡导的理想教育是完全一致的。

一岩：在您看来，这种理想教育的实质是什么？

耶普·斯鲁伊特：这当然要涉及一个问题，就是我们受教育的目的是什么。这个问题很多人都没有问过自己，多数人理解的教育就是在学校学习技能，然后谋生。这个教育轨迹基本不会遭到人们的质疑，但我们开设各种科目，甚至将竞争作为整个教育的手段，这是不是真正的教育？如果我们活着只是为了谋生，就会失去生命的重点，了解生命本身是比学习各种科目和考试更重要的事情。

一岩："谋生"和"了解生命"本身之间有冲突吗？

耶普·斯鲁伊特：大多数时候我们避免不了这样的冲突。我们通过考试找到一份工作，我们遵循着结婚、生子这样的人生轨迹……但你发现，你就像一部机器在一天天运转。这其中，伴随你的是与日俱增的恐惧、焦虑和不安，这又是为什么？这就是你通过教育了解到的生命吗？如果教育的目的仅仅是谋生，为什么你身上会有这样的冲突？看看，你已经有了工作、房子、积蓄，但你却在萎缩和枯竭，你的教育出了什么问题？

一岩：显然，我们当下的教育没有帮我们解决这个问题。

耶普·斯鲁伊特：是的，除非教育帮我们了解到生命所有的微细面——它惊人的美，它的哀愁、喜悦和快乐，否则教育就没有什么意义了。

一岩：我们凭借什么去达到您所说的生命的这个层面？

耶普·斯鲁伊特：智慧！教育的真正意义就是培养我们的智慧，然后借着它，每一个人自己去找出答案。我们的智慧具有无限的包容性，但它被我们的恐惧和教条掩埋了，我们甚至都没有自由的思想，可能在我们所受的教育里，自由思想是不被允许的。我们所受的教育是听话、模仿、公式，然后通过竞争进入一个被检验的管道，这一切同时制造了野心和恐惧，只要你还有这两样东西，你就不可能接触到你的智慧。你的智慧只能在简单的心智、自由和清明的内在中升起。

一岩：这似乎是个挑战，您知道，我们的教育基本是由政府投资的，我们传统的教育模式很难直接脱离以技能和谋生为目的的初衷。但有一个很好的征兆是，越来越多的人发现，这些内容的确不能再成为教育的重点了。

耶普·斯鲁伊特：这是全世界教育都面临的现状，我们丰富的教育资源多数是由政府来提供的。但是关键是"你怎么想"，你得先有一个教育革新的愿望，当你知道问题出在哪，你会全心全意地用另一种教育来对待你的孩子和家人，这就是一种教育的革新。学校并非实现教育的唯一场所，教育是在生活中实现的，不在生活中实现的教育不是真正的教育。

学习的目的是对生活保有敏感

一岩：我认同您关于"教育应该在生活中实现"这个提法。实际上，我国国内的一些家长已经开始尝试这样的做法。比如，前段时间在武汉，有7个家长在乡村自办学校教授自己的孩子，最显著的做法就是让孩子充分和大自然接触，您怎么看这些家长的做法？

耶普·斯鲁伊特：我得肯定他们的做法。这是一群有革新想法的家长，他们走了一条完全不同于世俗的教育之路。他们的勇气也许来自他们对自己所受教育的觉醒，这个觉醒就是，他们开始愿意对生命有意义的部分保持一种敏感性，这种品质相当重要。你知道，现代人最大的问题是，人们心甘情愿地允许自己麻木，对自己的生活没有好奇和探索，对孩子的教育随波逐流，这导致人对自己的生命感到无所适从，或者有愿望却无能为力。

要想改变这一点，人们得先从一个地方做起，就是保持对大自然的敏感性。任何一个人，无论他具备怎样的野心和挑战心，有一点都是一样的，就是当我们进入大自然，内心的良善会被自然而然地唤起。你不会不允许一棵草和一朵花长成不同的样子，你也不会嫌弃一条虫子长成它的样子，你敏感地接纳自然中所有事物的样子，没有辨别之心，这才是人内心最大的美，这种美是内心的良善发展出来的。借着对自然发展出的这份美和良善，你就可以对你周围的人和事情保持同样的感受。

所以，前面提到的这几个家长是非常懂得生命的家长。当然，他们也许会承受不同的质疑，但有一点显而易见，就是他们开始放弃以谋生为目的的教育，开始转向一种以创造有意义的生命为目的的教育。

一岩：您知道，我们面对的现实是，并没有那么多开放的自然环境可以提供给我们去实现真正基于良善的教育，所以，我更想知道的是，如何在生活中保持这样的敏感？

耶普·斯鲁伊特：这是个实际的问题。我真正想表达的是，在没有纯然的自然环境的条件下，我们的教育仍旧可以实现这样一种理想。我们可以保有对这个世界除了科技、竞技和物质之外的敏感——在你的生活里，也许是你头顶的天空，也许是你公园里的一棵树，一只飞鸟，甚至是你窗沿上的一盆花，任何你能看到的，你都可以对它们升起一种纯然的感受并建立情感上的联系。我们最害怕的是麻木，因为麻木，你会对生命丧失起码的敬畏，而我们外在的纠纷基本上都是由此引发的。在包含着以谋生和技能为重点的学校教育里，教条式的考试、老师讲学生听的方式基本抹杀了孩子对于生活现象的敏感性，当所有人的眼里只有制度、竞争、强烈的谋生愿望时，人与人之间就不可能有一种良性的关系，一个对自然、对生命的神秘（非宗教）缺乏想象和探索精神的人，是无论如何也不可能与人建立良好关系的。

认识自我是学习的主要内容

一岩：为什么一些接受过高等教育的人反而会对自己的现状有诸多的不满，甚至痛苦？

耶普·斯鲁伊特：一个核心的问题就是，我们的教育没有教会我们如何认识自己。我们强调要迎合别人对你的认识，却恰巧没提及你如何认识自己。

一岩：在宗教里才会更多地提及"认识自我"。

耶普·斯鲁伊特：我不这么看。哲学要解决的是与人的生活有关的问题，而生活要解决的是"认识自我"的问题。一个有趣的现象是，人们会把物质世界和精神世界看成对立的两面，在充满竞争的环境里去竞争，然后在教堂或寺院里寻找生命的意义。我们受大脑习惯性的思维控制，原本是这样的现状，但又想过另一种生活，这种分裂如何能制造生活中的愉悦？而高学历的人似乎更是如此。有没有可能实现这样一种统一，即我们不再分裂地看待自己的存在？

这里涉及的一个问题就是，我们如何"认识自我"。这并非宗教所讨论的问题，而是生活面临的实质问题，是教育应该真正重视的问题。我们无法独自生存，我们只能活在与人、与事、与概念的关系之中，当我们开始观察我们与外在的人、事及内心种种活动（情绪）的关系时，"认识自我"就开始发生了。

一岩： 认识自我的什么？

耶普·斯鲁伊特：我们首先需要在现实的环境中认识我们的恐惧、焦虑、不安、愤怒、孤独等等。可能过去你认识到的自我不过是一堆记忆、观念、经验和传统的组合而已，那些都不是真正的你。真正的你，是与你的恐惧、焦虑、不安、愤怒、孤独相处，你知道感受对你来说是最真实的，别人的感受无法取代你的感受。

一岩： 我们的学校教育可不给学生教这个。

耶普·斯鲁伊特：当然，学校教育往往意味着服从、顺应，而真正的教育需要的是敏锐的心。我们的老师从不教孩子如何面对自己的伤心、害怕和挫折，学校教育也往往不让孩子有敏锐的感受，当你那样时会被认为是懦弱、胆小的，没有进取心。这是全世界教育普遍面临的问题，教育并未实现每一个人内心真正的独立和自由，所以大多数人没有为所受的教育感到快乐。

一岩： 为什么我们的父母虽然也意识到了一些问题，但面对孩子的教育时还是屈从于主流的意见？择校、比技能，甚至在我国还有一个有趣的现象，就是奥数成为比较孩子聪明程度的一个指标，父母们总是热衷于追逐这些。

耶普·斯鲁伊特：因为父母自己也生活得很矛盾，很没有安全感，所以他们除了选择随大流不会有更好的办法。但父母仍旧有可以突破的地方，如果父母觉得自己的孩子接受教育的目的是让生命有更多的自由而非为谋生服务，他们就会反省自己的教育环境。在这里有一个核心的问题，就是父母必须觉得自己的反省和改变是重要和有价值的，如果你不这么想，你就不可能全心全意地去做一件事情，你顶多发些牢骚。你必须在精神上觉得教育无论如何也不能是一件仅仅体现脑力和体力的技能工作，教育的目的是获得心灵上的真正自由，当你能朝这个方向想时，你已经开始学习认识自我了。

教育的终极目标是获取心灵自由

一岩：我们之前探讨了那么多有关学校教育的目的、学习的目的，最终又回归到关于"心灵自由"这个问题上，追寻这个问题的答案对当下人的生活有帮助吗？

耶普·斯鲁伊特：人活着难道不是为了更好地理解自己的生活吗？受教育就是为了更好地理解生活，但没有心灵上的自由，你是无法理解生活的。当然，没有心灵上的自由，再富裕的生活也无法让你满足，你会看到，高学历、高地位的人反倒生活得更不快乐，他们拥有的资源可比低学历、低地位的人多得多。

一岩：包括我在内，所有的人都想知道"心灵自由"究竟是怎样的一种生活状态，是无拘无束的样子吗？

耶普·斯鲁伊特：什么是自由？也许你会理解为，你做你想做的事情，去你想去的地方，想你爱想的事，你够独立自主就是自由。我只能说，这些都是表面的自由，真正的心灵自由是一种精神状态，其中没有恐惧和勉强，没有求取安全感的冲动。你必须从一些你熟悉的依赖中走出来，否则你无法实现真正的心灵自由。

一岩：在我们的教育里，如何让孩子领悟到您所说的这种心灵状态？

耶普·斯鲁伊特：你是想问父母该实施的一种怎样的教育吗？的确，孩子必须要靠父母的帮助才能了解自己的生命。这里有个关键的问题，如果你真正爱孩子，你就不会逼迫孩子去做一些甚至连你都做不到的事情，你只是为孩子创造一个环境，一个能让孩子认识自己的环境，允许孩子认识事物时和你有所不同，将竞争和比较从你的内心剔除，否则你什么都没有做。所以，首先你得革新自己。

一岩： 一些人认为，中国的独生子女本来就很难管教，给孩子太多的自由只会导致 20 世纪 80、90 年代出生的孩子越来越没有责任心和意志力。

耶普·斯鲁伊特： 这是一些人一厢情愿的结论。很多父母自身对权威感到恐惧，但很奇怪，他们面对孩子时却要树立自己的权威。一方面你希望孩子能了解生命，可另一方面你以自己的权威掌控着孩子，你不是为孩子提供一个了解自己的环境，你提供的是你的建议和观点。这样看，你并不是一个革新者和创造者，你只是一个发号施令的人。这就是父母的矛盾——你希望孩子独立、有担当，但你却替孩子做决定，有时甚至不惜采用暴力。而当一个孩子有问题时，我们会说这个孩子是被娇生惯养的。这就是我要强调的，父母得先下定决心革新自己。

一岩： 在不能改变学校教育环境的前提下，父母在家庭的努力会促使社会教育的目的发生实质性的改变吗？

耶普·斯鲁伊特： 当然，在某种程度上，父母的教育比学校的教育更重要。我们得营造这样一种教育氛围，让孩子清楚，这个世界除了科技、竞争和谋生，还有更重要的事情，那就是让心灵从纷繁的功利领域里挣脱出来，这是获得心灵自由和快乐的唯一途径。如果学校以教授技能为主，有关生命的探索问题就需要父母的协助，但首先，你得有这个觉悟，你得允许很多事情发生，得有人来谈论这个问题，然后对教育真正目的的探索就会影响到整个社会，克氏教育基金会推广的也正是这样一种理念。

【访谈手记】

父母要做教育的觉醒者

我不得不承认，是《痛失儿子的爸爸》中一个愚痴爸爸活活打死自己亲生儿子的悲剧，让我能以如此彻底的态度反思这个时代古怪而畸形的教育理念。这是我和耶普·斯鲁伊特能有这样一次专题访谈的契机，虽然我们都不能保证，对那些仍旧热衷于传统理念的父母们，这篇访谈能改变些什么，但对于那些有意愿探索教育终极本质的人，我希望冬冬的悲剧能警醒他们。如果教育是用来毁掉一个生命的，我情愿所有人都远离教育。

著名的教育家蒙特梭利说，人教育人，整个教育水平都会下降。这句话说出了教育的真理，倘若一个人用自己的经验去教育别人，结果只能是失败。教育是遵从真相，有关受教育者生命的真相。对于个体来讲，一个人的真相只属于他自己，我们能做的是尊重而非改变个体的真相。在《痛失儿子的爸爸》里，爸爸想要改变一个孩子生命本来的面貌，无法改变时，只好毁灭。我们可以问一个问题，爸爸这愚痴的理想从哪里来？家庭原本是教育的庇护所，现在却充当着体制教育的帮凶。倘若家庭教育仍旧不能觉醒，仍旧与功利的社会和体制教育保持一致，最大的受害者只能是孩子。

家庭教育的责任有多重，我急切地想要告诉看到我与耶普·斯鲁伊特访谈的人们。我也深深地感到，在缺乏安全感的状况下，人对自由的向往是麻木的，但即使是这样，我们也需要重新看待今天的教育。我猜，身为父母，很多人已经强烈地感受到了自己的力不从心。我们所遭遇的可能不是方法上的问题，而是理念上的问题，而让我们了解这些，正是这篇访谈的主要意图。

【附】

深度解析：移动的学校

从一个从小不爱学习、调皮捣蛋，大学考了四次的"坏学生"到今天台湾著名的教育实践家，李崇建幸运地经历了生命意义上的蜕变。这得益于他30岁那年，在生活几近绝望的状态下，不得已应聘成为台湾一所完全体制外学校——"全人中学"的教师，而这经历被李崇建誉为"生命的礼物"。

多年以后，这段经历变成了文字，《没有围墙的学校》《移动的学校》这两本专述体制外学校特色的著作让总在传统教育阴霾中徘徊的思考者看到一丝光明，而《麦田里的老师》《给长耳兔的36封信》则是他在完成自我蜕变的这个重要生命历程中，从教育者转化为被教育者的灵魂洗濯。

学校，没有围墙

1998年，30岁的李崇建辞掉记者工作，鬼使神差地被台湾一所名为"全人中学"的学校的教师招聘广告吸引。老实讲，李崇建对教师这个职业一点兴趣都没有，对老师存有的刻板印象，是"一堵墙"，更是"宪法"。

吸引他的是广告的内容——"现代文学教师"，中学竟然开设这类课程？令李崇建感兴趣的是，一个能聘请现代文学老师的学校究竟是一所什么样的学校？他试探着递上了自己的简历。

大约两周后，李崇建成了全人中学的一名教现代文学的老师。

真正进入学校后，李崇建有点不相信自己的眼睛，学校位于台湾兰卓山的半山腰，竹林掩映，溪水潺潺，景色美得要死，这是学校吗？而且这个学校竟然没有围墙。

没有围墙，还教学生现代文学，这样的学校李崇建一辈子也没有上过。后来他搞清楚了，这是一所体制外的学校，专收在体制内学校读不下去书的青春叛逆"坏孩子"。

第一次上课，李崇建差点要晕过去，空荡荡的教室里没一个孩子来上课，他只能干等。他想发火，但没理由，学校规定，每一个孩子都有逃课的自由。最重要的是，这个体制外的学校解构了权威，学校只有自治会，师生之间平等，学生不叫"老师""校长"，直呼每一个人的名字，李崇建被叫作"阿建"。

哪有这样的学校？没有苛刻的上课制度，学生还不都逃课、睡觉去了？李崇建相信自己的这个判断，以他的经历，从初中到高中，他就都是这样做的，表面上挺乖，私下尽做逃课和逃惩罚的事情，用在这上面的心思比用在功课上的心思多得多。

没几天，他看清楚了，自己的经验没被重演，没几个孩子逃课、睡觉。学校里开设的课程，在体制内的学校里想都不敢想，古典文学、现代文学、音乐（甚至摇滚）、陶艺、肢体（甚至瑜伽）、美学、摄影、戏剧，都是学生自主提出的，只要每班够5个学生，学校就请老师开班。更奇的是登山课，这是学校唯一被列为必修的课程。从起初一些孩子畏惧吃苦到后来盼着登山，很多孩子最后都将攀登更高的山峰当作献给自己的"成年礼"。

在这里，"被遣送回家"是每一个学生最不情愿发生的事情，因为家里没学校好玩，没人陪伴。李崇建服了，他发现自己无形中在用上学时厌恶的教育经验看"全人学校"，而"全人学校"将传统教育完全颠覆了，当然，颠覆的还有李崇建对教育的恐惧之心。

正是因为恐惧心被放下，李崇建才能在人生中第一次全身心地去做一份起初只是被他当作谋生工具的职业，以至于后来成了他生命的一部分。

对这一点，他得感谢这所体制外学校的创办人"老胡子"程延平，这位留学法国的浪漫画家留给李崇建最深的印象是他创办这所学校的初衷："学校是对现行教育体制的对抗而不是改良，学校培养的孩子不是去适应社会而是创造社会。"

平等的语境，交流才会坦诚

进全人中学之前，李崇建不是不知道"华德福""瑟谷"这样的另类学校，那些人性化的教育理念究竟怎样才能被用到实际教学中去，没人教他，他只能自己探究。

调皮的"三剑客"（三个年龄相仿的学生）在山下探险，拔了老农菜园里的青菜当炸弹，人家告状来了，虽然"三剑客"来自首，但嬉闹的态度令李崇建的愤怒不可遏止。

"无耻！"第一次处理学生的捣蛋事件，没听完三个孩子的叙述，李崇建就要用上自己小时候犯错、老师惯用的词语了，可是"老胡子"比较镇定，态度和蔼地让"三剑客"澄清"犯罪事实"，原来老农为保护菜园做了很多网，勒死了很多小鸟，"三剑客"路见不平拔刀相助，想救鸟却反倒让网越来越紧，就气老农的可恶，所以破坏了人家的菜园。

在全人学校，孩子有这样的想法不离谱。亲近自然，以爱面对世界是学校一向倡导的理念。

"老胡子"让李崇建和其他几个老师加入了讨论。最后的结论是："三剑客"有正义感是对的，但方式显然是错误的。

"三剑客"心服口服地向全校师生和老农道了歉，并在老农的菜园做义工。

李崇建明白了，原来学校没有用权威压制孩子，"三剑客"才肯自首，真实的情景才得以在宽容和安全中澄清。

可真的轮到自己做时，又问题重重了。16岁的学生蓝天情绪多变、易暴怒是全校出了名的。李崇建第一次给他辅导完就听见他在走廊里和同学说自己"恶心"。

第二次见面时，两人几乎要用污秽的语言对骂了。想到自己竟然和学生一般见识，师道尊严都没了，李崇建想，算了，辞职不干了。

"老胡子"不以为然："在成为一个教师之前，先回到人的角色，你又不是圣人，哪能没情绪。"

"我是个教育者，毕竟和学生不同。"李崇建要合理化自己的情绪，但"老胡子"说了句彻底改变李崇建对自己身份认识的话："教育是学习，除了学生，也许需要成长的还有教师。"

李崇建就主动去找蓝天，坦露自己上次谈话时带有很强烈的情绪，没想到这个轻易不向别人认错的孩子竟然向李崇建道了歉。李崇建刹那间就明白了，一定是自己的真诚打动了这个孩子。原来，在人们眼里冥顽不化的"坏孩子"，内心却是最善良、脆弱的。

李崇建最终和这个学校里最难缠的学生成了好朋友，蓝天也难得地放下了和老师对抗的姿态。

初三班的白云闹情绪，当着很多人的面对李崇建说："不想上你的课了！"众目睽睽之下，李崇建觉得很没面子，但他还是在平静之后找白云了解了原因。

原来，在一次文学课上，李崇建表扬了很多学生而唯独没有表扬白云，白云生气了，认为老师对她有偏见。

回想起自己上学时也会有希望得到老师表扬的渴求，李崇建就在一个合适的时间找到了白云："没有受表扬也算是人生中的一个小挫折，一般人遇到挫折时都会有这样的反应，先责怪对方，再责怪自己，所以有情绪和抱怨是正常的。"

看见李崇建并没有责怪自己在那么多人面前表现出不逊，白云"扑哧"就笑了："阿建，真对不起啊，我只是想让你看到我也是有进步的，可是你没看到，我就生气了，不过我从你这里看到了宽容。"

阿询写字歪歪扭扭，还错别字连篇，李崇建圈出错别字，罚他每个字写一行。阿询说写不完，李崇建说一定要写完，十几岁的小男孩就用眼泪打湿了自己的作业本。

李崇建对他说："有困难要讲出来。"阿询说："讲出来你也没听，我都说写不完了。"李崇建忽然意识到，原来自己太想要结果，却忽略了阿询进校前就不能完成功课的困难，这个问题显然一直没有得到解决。

李崇建说："我是实在没有想到更好的办法才那样要求你的，现在我们一起来想个办法解决写太多错别字的问题。"他邀请阿询组织大家一起讨论如何少写错别字，仿佛那个问题并不是阿询一个人的问题。

到下一次上课时，阿询拿着自己抄好的一篇范文让李崇建看，李崇建诧异了："你不是不喜欢写字吗？这么冗长的文章你抄了两遍。"阿询说："因为我想写好字，所以要这样做。"

这样的事情每天都会发生，李崇建后来就很开心地等着事情发生，仿佛重温了自己的青少年时期，"原来自己小时候也是这个样子啊！"

每个人心里都有一座圣山

除了开设现代文学这样另类的课程,当初这所学校外招聘的广告里提到的每年两次"户外教学"对李崇建的吸引力也很强烈。后来学校的登山传统被一些教育家赞为"漂流的美学"。

从小学到大学,所有学校组织的户外旅游中,李崇建一直是缺席者。他说"一点都不喜欢窝在大巴车里的走马观花的康乐活动",而全人学校的旅游一律自助。一年里,学校有两次户外课程,一次是攀登一座高山,这是必修课,所有师生都得参加;另一次是自助游,由学生自己规划,老师做辅助。两次课程各占一周时间。

做了教师的李崇建在全人学校才真正体会到登山的乐趣。学校组织的登山活动不是盲目的,平时的训练课里就有攀岩、野外求生、自助、意志力辅导等内容,校长"老胡子"这样讲开设登山课的意义:"必须给孩子以责任,他们才会成长。"

但李崇建更喜欢反复琢磨"老胡子"的另外一句话:"想一想,我们登山时是帮助孩子清除障碍让他们通过,还是教给孩子能力,让他们自我完成?"这个教育的核心问题也在一定的意义上启发了李崇建,他后来写了《麦田里的老师》。

有些孩子不愿意登山,学校的第二任校长大雄会劝孩子:"在未来的生命中,会碰到很多痛苦和挫折,唯有心灵内的美好东西才能与之平衡。"

顽固不化的小昱第一年参加全人学校的爬山活动时特别不愿意。他上山时背着一大包饮料,李崇建要帮他背包他还不放心,害怕老师会白喝他的饮料。等到了山顶,别人"弹尽粮绝"时,他竟然兜售起自己的饮料来,结果猛赚了一百多元,让人啼笑皆非。

可到了第二年登山时,小昱就像变了个人。他跟母亲多要了钱买饮料、食品提供给大家,还在爬山时为大家探路,花言巧语地"骗"爬到中途就不愿动的小女生坚持走到山顶。

小昱在家里一贯飞扬跋扈,只有别人关心他的份。同学把小昱的变化告诉他母亲时,她压根儿不信。后来小昱组织妈妈团爬雪山,自己当向导,一路悉心照顾组员。妈妈当场就落泪了，养了十几年的儿子，第一次让妈妈感觉很温暖。

李崇建问小昱为什么有这样的变化，小昱却很不在意："我发现，分享是快乐的事情啊。"

通过每一年的爬山，很多孩子慢慢变得成熟，一些在山下还很顽皮的孩子到了山上就不知怎的学会了帮助别人，下了山回到学校，身上的顽皮劲儿也似乎减了一半。原来，很多孩子发现帮助到别人或被帮助的时候，相处是一件特别开心的事情。

13岁进入全人学校的陈亦至起初是个名副其实的大姐大，超级自我，与父母有很深的隔阂。女生一看见她拿着球棒在走廊里走就不敢说话。然而全人学校的登山教育改变了这个女孩的人生态度。

2004年5月，19岁的陈亦至创下台湾最年轻女性远足攀登北美第一高峰阿拉斯加麦金利山（海拔6100多米）的记录。几年后，在一家杂志的约稿中，这个女孩这样描述当年登山带给自己的收获："生命会在一个转角之后，遇见更美丽的自己。"

李崇建《给长耳兔的36封信》一书中，长耳兔的原型就是她。

学校的登山传统最终演化为"漂流美学"，进入全人学校的多数孩子进校前大都性格挑剔、苛刻，登山、自助游这样必须靠自己身体力行才能完成的经历让孩子们重新找到了自己的勇气、责任。

"每个人心里都有一座圣山。"在成为台湾著名的教育实践家后，李崇建也会在不同场合情不自禁地翻版孩子们的话。

分享心灵的故事

李崇建和台湾众多教育界人士有一个共识，即体制外的教育是一种开放的教育，开放教育所挑战的不是孩子，而是大人。

全人学校鼓励学生分享自己的心灵故事并将其开设成一门课程，而且要先从老师做起。

刚到学校时，李崇建也不清楚为什么要开设这样的课程。后来他终于明白，每个人都有自己的故事，可能快乐可能忧伤，通过叙述，人会发现其中的意义。

初开这门课时，以前在体制内学校里惯常被否定的孩子很难张口坦露自己的受挫和不愉快，一些孩子甚至拒绝参加这样的课程，学校的老师张天安每一次在新生加入时都会讲自己的一个故事。

10岁那一年，张天安无意间发现自己家户口簿上，自己名字的那一栏写着"养子"二字。10岁的小孩顿时觉得天塌了下来，可是他不敢问父母，这个秘密就像一座沉重的大山一直背负在他身上。

终于有一天，张天安把这个秘密给朋友讲了。奇怪的是，他忽然觉得这个秘密没那么可怕了。最终他有了勇气到父母那里核实，并依然和父母保持着亲密的关系。

在带领学生分享的过程中，李崇建也会把自己从小对亲生母亲（在他很小时离婚弃家）的怨恨、对爸爸和兄妹间的疏离讲出来。这时，有的学生会瞪大眼看着他，有的小女生会低低地哭泣："阿建，你好可怜噢，可是你很勇敢。"下课时，学生甚至反会过来安慰李崇建。

在全人学校的7年中，李崇建看到，教师敢于分享内心故事的勇气如何影响到了一个个顽皮、脾气倔强的叛逆孩子："原来人与人之间可以不需要这么封闭地面对啊。"

13岁的小女生菠萝收到一封情书，虽然她也很喜欢这个男生，可她不想谈恋爱，怕破坏友谊，但却不知道怎么拒绝。

全人学校的男女生谈恋爱都会大大方方地告诉自己的辅导老师，这与学校开设分享心灵故事课程，师生以一种开放、接纳的态度相处密不可分。学校虽然不刻意提倡男女生谈恋爱，但也不压制学生谈恋爱，不过有规定，18岁以下不能同居，而且辅导老师有义务让每一个谈恋爱的孩子面对情感问题。这在体制内学校听来简直是天方夜谭。

李崇建就扮演那个写信的男孩，让菠萝对着自己说内心真实的想法，这样演练了几次，菠萝很开心，因为"找到不伤害对方又能保持友谊的做法了"。

总是情绪激动的男孩K满腔愤怒地找到李崇建，告诉他，一些人行为恶劣，自己既愤怒于他们的行为又难过于自己没法阻挡。

李崇建就让他先闭上眼睛感受一下自己的愤怒和难过，K说"现在感觉好多了"。李崇建又让他慢慢体验"每一个人都不同，你也是！"最后，K 想明白了，原来自己也有很多让别人看着不舒服的做法，"可别人并没有用很极端的方式来应对"。

就是在这样的互动中，通过辅导每一个孩子触碰心灵的脆弱、难过、愤怒，学校的老师也审视着自己的心灵世界。

2006 年，这所完全本土原创的学校被纳入台湾教育体系，全人学校从体制外学校变成了体制内学校，但"全人学校的教育理念一直都没有变"。

2005 年，在全人学校任教 7 年的李崇建离开学校专心著书，这其中一个重要的原因是，从全人学校毕业的学生大都会说同样一句话："在全人，我们好像什么知识都没学，不过很奇怪，面对未来，我们却知道该选择什么。"这让李崇建常常想起一位著名人物对于教育的定义：真正的大学是不存在的！而李崇建就是想把这样的理念和全人学校的经验传授给更多的人。

"全人学校"不是大学，但李崇建一直想弄清楚，为什么从这里毕业的学生大都会传递给周围人这样一种气息，即他们有独立的规划能力、包容精神、勇于面对挫折的特质、对生活的由衷热情。

原来，真正的学校是会移动的，会一辈子驻扎在人的心里。

和李崇建对谈：体制外的教育实现的是什么

从教育的门外汉到今天台湾体制外教育最具发言权之一的教育实践家和演讲家，李崇建用"蜕变"来形容自己的生命旅程。

他对于教育的探索至今仍保留着孩童般的好奇，这恰也印证了伟大的雕塑家布朗库西所言：当你不再是个小孩时，其实你已经死了。

李崇建坦言，当初自己之所以在学校沉淀自己，是因为全人学校的创办人和老师能以孩童的目光看世界。学校在某种意义上是社会的一面镜子，映射着一个社会的问题，对体制外教育的探索又何尝不是一种集体的自我反省呢？

2009 年，李崇建被大陆一些教育部门邀请，讲对体制外教育的探索，他发现大陆的应试教育机制和台湾的有着惊人的相似。教师节来临，李崇建欣然接受我的采访，每一个涉及教育的问题，都回归到一个主题：教育所能做的，就是让每一个孩子回到人格的完整性上。

学校要建立自己的主文化

一岩：近几年你著述颇丰，几乎成了台湾体制外教育探索的代言人，足见你本人对于这种教育模式的倡导倾注了很大的热情。

李崇建：这与我在全人学校7年多的教师经历密不可分。其实这7年也是我自己人生发生蜕变的7年，我从一个对体制内教育无比恐惧的人变成了一个最终决定从事教育的人。体制外教育对我的冲击很大，这个冲击可能主要是对我教育理念的影响。

一岩：具体是一种怎样的影响？

李崇建：以前我对教育的理解也仅仅停留在一所学校、开设的应试科目、做个老实听话的学生这些概念上，但体制外学校的经历让我对教育有了全新的理解。你知道，体制外的学校所拥有的学生资源基本是被体制内学校所否定的，在这个时候，教育的真正意义就凸显了，我也最终理解到一些有思想的人对教育的本质概括，那就是，教育是人自觉参与自我未完成性的塑造过程。你知道的，一般体制内学校做得更多的是"去个性化"的工作，但体制外学校尝试要做的恰好相反，是提供给个体一种资源，一种能够唤醒人自我完成性的自觉意识。

一岩：其实，体制内的学校也都在做这样的功课，内地学校主体所倡导的"教育是一种培养人的工作"，也是朝这个方向努力的。

李崇建：我不否认体制内学校在教育上和我们有共识，但他们实际上做了什么呢？套化的知识并以此为标准的等级评定，孩子几乎都是同质化的产物。

完全背离教育本质的主文化，这就是体制内教育的现状。但总有一些孩子是被淘汰出局的，所以才会有德国的"华德福"、美国的"瑟谷"、台湾"全人"这样的另类学校。真的是另类吗？实际上不是，因为这些学校走了一条鲜有人走的路，所以看起来另类。

一岩：我认同你对体制内教育的深刻审视，但也要看到，国内有一些学校也在做教育改革的众多尝试，只是成效不尽如人意。

李崇建：这可能涉及一个学校主文化建设的问题。

一岩：据我所知，大多数学校对主文化建设的理解主要停留在追求升学率、建立校风等层面。

李崇建：严格地讲，这不能称作一个学校的主文化，充其量是体制功利化的表现。我说的主文化是指，这究竟是一所怎样的学校，学校环境里究竟散发着一种怎样的态度、信念、习惯，说白了，就是一所学校的灵魂。比如全人学校靠美学、艺术、登山、生命课程这样的形式来构建自己的主文化，孩子在其中确立的是一种热爱生活、生命，对大自然充满敬畏、对同类充满感恩，独立思考的人生观和价值观，这些可能才是学校的主文化。

理想的教育是一点点做出来的

一岩：应该说，这是传统教育要努力的一个方向。我知道你本人这几年在台湾一直做着"教育回归人的本性"的培训工作，《麦田里的老师》是一本从细微处讲怎么做的著作。

李崇建：我比较幸运，可以一直在实践中接触教育最核心和烦琐的工作。你知道我不是什么教育的管理者和理论者，我是个教育的实践者。我每天和大量被认为有问题的孩子在一起，当然也和认为孩子有问题的家长和老师在一起。

这让我有机会探索真正的方法并深入思考——当你面对活灵活现的人时，教育真正应该做的是什么。

一岩：我想，你对此可能还会有更深的感触，从你的书中我发现，你在体制内受教育的过程一直都是很失败的经历。

李崇建：关于这一点我可能最有发言权。你知道，从初中到高中，除了中文，我其他的功课一塌糊涂，经常是老师的反面教材。我大学考了四次，服完兵役才考上大学。大学也并没有改变我，毕业后我觉得自己还是很失败，觉得沮丧，觉得我在这个世界上的存在一点意义都没有。我后来做了很多工作，你知道，没有一个做长久的。我不自信，我觉得自己也没能力做好什么，我和父母、兄弟姐妹的关系也不好，我对他们充满了抱怨，所以经常不回家。30岁那年，我到全人学校教书，我特别感谢自己这样的选择，这让我有机会看到一个被体制内教育否定的人如何经历生命的低谷又最终看到生命的完整性。

一岩：这也使得你对今天你所面对的受教育者充满了理解并且有全然的接纳性。

李崇建：对我来说，还有什么比做这个更有意义呢？今天，被体制内教育定性为失败者的孩子太多了，老师、父母的否定，社会太多的束缚、功利、投机和生存焦虑的影响，使得那些原本愿意接触内心真实感觉的孩子最后都被定性为不怎么好的孩子。其实我们的老师和父母只要肯用一点点剥离世俗的眼光去看他们，就会发现，这些孩子身上还保留着生命最本真的美、善良和创造力。

一岩：所以，你最终将教育落实的关键点定性在老师和家长这里。

李崇建：这是一个很现实的做法啊。教育不能只有理想，教育的理论知识太多了，就像我刚进入"全人"时，大家都在讲应该怎么样，我只有大声疾呼——不要告诉我应该怎样，告诉我怎么做，我需要方法。我无法撬动什么大的教育改革，我只能把好的做法告诉身边的人，因为理想的教育是一点点做出来的。

使人回归完整性是教育真正要做的事情

一岩：我注意到，你的所有教育著作和演讲都围绕着"如何做"，强调老师和家长是主要的实践者。

李崇建：所有的人，我认为所有的人都是教育的实践者，那些受教育的人也是教育的实践者，之所以老师和家长是重点，是因为他们的观念直接影响到孩子的成长，他们观念上的一点小改变就是教育观念上的大改变。

一岩：这个观念改变中的核心内容是什么？

李崇建：教育是让人回归完整性，体制外教育推动的也正是这个。

一岩：这个"完整性"怎么理解？

李崇建：我乐意引用美国"瑟谷"学校创办人说的一句话，"我们成人应该为孩子营造这样一种氛围——当他们有真正的兴趣时，成人不阻止他们，让他们发展到自己满意为止；当他们寻求协助时，成人会尊重他们的要求并提供适量协助，而不是自以为是地下判断，代他们决定。"

如果是这样的一种教育氛围，在其中成长的孩子长大后是不会迷茫、低落、苛刻、无法与人沟通的。当他具备自爱、自信、较高的自尊、独立完成目标的能力，他就能决定自己生命存在的状态，人格不会分裂，也会对所有存在的人和物怀有宽容、接纳和感恩之心，这就是我想表达的"生命归于完整性"。

一岩：我能感受到，"华德福""瑟谷""蒙特梭利"，还有"全人"这些体制外的学校，一直在实现着这些人本的教育关怀，但我仍旧有一个世俗的疑惑，即，我们的教育如果不能培养出适应社会的人，是不是也是失败的？

李崇建：这是个理解上的误区，我要纠正一下。什么是适应社会？人如果能快乐生活，适应社会会是个怎样的概念？我以"全人"为例，当这个学校的孩子毕业时，他们对自己未来做什么、怎么做是非常清楚的。他们不需要别人担心他们做不了什么，他们对自己应对挫折的能力有十分的把握，而一旦当他们决定做什么，他们会非常努力。我想这已经足够了。人与社会的健康关系应该是人能主动选择，而非被动为之，所以所谓"教育要适应社会"是功利的做法，那不是教育真正要做的事情。

一岩：您的这个观点让我想起本体心理学大师梅内盖蒂的一句话——人一旦不能做自己的主人，那么他的生存中就必然是忧伤和焦虑。

李崇建：一点没错，因为我就是从那个焦灼的过程中走出来的，我想今天我们大多数人还在经历这个过程。我希望通过我们自身的醒悟让我们的教育朝一种良性的方向发展。教育肯定是一种向内的工作，只有让每一个孩子建立内在的品质，教育才会变得有价值。

一岩简析：

台湾的全人学校是一所真正意义上的体制外学校，因为这所学校关心的是人的内心需要，允许个体做出关于他自己的选择。虽然它所遵循的教育理念是我们的体制内教育可望而不可及的，但它至少给我们提供了一种存在的可能性，那就是，我们可以实现以尊重个体为主导的教育。

如果幸福不再看得见、摸得着，幸福还叫幸福吗？在这个时代，为什么很多人穷尽物质还是感觉不到幸福？不过，有一个事实是，如果我们还在大声叫嚣幸福，讨论幸福，制造幸福，我们永远也不会明白幸福是怎么回事。因为这件事只跟心灵的富足有关。

第十章

寻找幸福

幸福在哪里？

"你幸福吗？"

"我姓曾。"

2012年的秋天，当山西清徐县北营村一位曾姓男子被央视记者冷不丁问到这个颇具哲学意味的问题时，其本能的"神回复"迅速成为网友调侃和恶搞的对象。

"失恋了，我不幸福！"

"有钱我就幸福！"

"最不幸福的就是，我在跟你说话，让别人插了队。"

……

海量的"幸福神回复"被剪辑成娱乐大片，很多人对形式的热情更甚于内容。

事实上对很少关注自己内心感受的中国人问"你幸福吗？"这样的问题，似乎显得过于唐突，即使是像莫言这样对生活有着深刻体验的知识分子。

2012年10月14日，莫言接受央视《面对面》主持人董倩的采访，结尾处，董倩问莫言："你幸福吗？"

"我不知道。"莫言如是回答。

20世纪70年代，波兰著名的导演基耶斯洛夫斯基（其作品《十诫》《维罗妮卡的双重生活》至今仍是电影史上的大师之作）扛着摄像机走上街头，用纪录片的形式拍摄《谈话头》，镜头直接追问在街头碰到的任何一个人："你是谁？你想要什么？"

对基耶斯洛夫斯基来说，这种拷问每个人对内在生命思考的形式是一种严肃的艺术，渗透着艺术家对现实无比关怀的良知。

今天，这个以影像呈现哲学思考的方式，在穿越时空的2012年秋天，被央视的编导演绎为一个通俗且颇具官方意味的主题——"你幸福吗？"。

同样的形式，同样的涉及人如何看自己，镜头里的国人对"你幸福吗？"明显的来不及思考，形形色色的关于"幸福"的应答，在媒体的造势中，将"幸福"这个原本只与个体内在心理感受有关的问题推向了空前的政治高度。

相关数据显示，当下国内至少有18个省、近百个城市(区)明确提出将"幸福"列为施政目标。"幸福"从无形变为有形。

一岩简析：

对于一向对个体生命意义缺少探索的中国人，即使有主流思想倡导，但想要明确什么是"幸福"，无疑是一个巨大的挑战。因为，从客观的原因讲，国内刮起的这场"幸福风"，并非完全出于我们对命运的不满，它的提倡与美国的著名认知行为心理学家马丁·塞利格曼有关。美国人有天生的乐观精神，所以他们的本土文化能培育出像塞利格曼这样的"积极心理学家"。

身为心理学教授，塞利格曼强烈主张，心理学"不应只研究人类的弱点和问题，"它所关注的重点应该是人类的美德和优势。恐怕全世界也只有像美国这样历史短暂、没有频繁经历过巨大民族心理创伤事件的国家才能这样去看人的存在问题。1998年，塞利格曼系统地发展出"积极心理学"的概念，并在本土产生了巨大的影响力。随后，塞利格曼的学生在哈佛大学开设积极心理学的选修课，在这所世界上学业压力最大的学校，这门选修课成为最受学生欢迎的心理课程。

2001年美国"9·11事件"之后，美国文化所表达出的对于命运无常的恐慌和及时行乐的需要，恐怕也是世界上其他国家所无法理解的。而在此期间，积极心理学也大张旗鼓地提出人追求幸福的使命意义，这在一个特定的时期强烈地契合着人的内在需要，似有颠覆西方人一向以忧患意识著称的哲学思想的趋势。在一段时间内，积极心理学很快发展出其国际组织，并深刻影响到了国内学院派心理学界。

也许，在社会巨大转型中的国人，在经历矛盾、强烈的价值观冲突的同时，有必要发展出一套能够舒缓内心焦虑的文化新模式，而"幸福"作为一种人们普遍认为的可以代言"正能量"的形式，被高调纳入主流文化是最自然不过的事情，但我们真的能够冷静而客观地理解隐藏在这一文化概念背后的真实含义，并将其纳入个体自信的人格图式中发挥真正的意义吗？这一点也许需要每一个人去思考。

艾瑞克·克雷格：幸福是不能被娱乐化的

艾瑞克·克雷格（Erik Craig）：国际著名的存在分析心理学家，美国心理学会人本主义心理学会、国际梦研究协会前任会长。

"幸福"究竟是什么？被量化的"幸福"是一种怎样的幸福？"被幸福"真的就幸福吗？2012年4月，我与在南京进行学术交流活动的艾瑞克·克雷格就中国掀起的"幸福风"做了如下访谈。

一岩：对比中西方文化，作为一名心理学家，您如何看待当下中国掀起的这股"幸福风"？

艾瑞克：有点娱乐化的味道。你知道，从心理学的角度讲，幸福指的是一种个体感受。个体感受不同，每个人对幸福的理解就会不一样。所以，严格地讲，幸福是不能被界定的。而且我恐怕要在这里纠正一个概念，我猜，中国人在这个问题上真正想要表达的是——对生活满意与否。这是个涉及人如何理解自己生命存在意义的哲学问题，但这一思考却被"幸福"娱乐的方式替代了。很多人来不及深入自己，做出了一些答非所问或者调侃性的回复，这样就更贴合娱乐了。

一岩：您刚才讲到幸福"是不能被界定的"，但据我的理解，我们现在有

很多量化的东西，人们会觉得，一旦拥有这些东西，自然就"幸福"了。

艾瑞克：如果真是这样，恐怕每个人都可以称自己是"幸福"的。现实中，我们所拥有的物质，能够被量化的东西已经够多了，人类对自然资源的占有也超过了历史上任何一个时期。但结果呢，人越来越不满足于自己的生命状态，找不到幸福感，原因是什么？恐怕我们得思考一个问题，可能幸福和我们能够被量化的物质并没有多大关系，幸福（感）只是一种情绪，是不可控的。

一岩：如何理解"幸福不可控"？

艾瑞克：就是你不能让自己幸福也不能让自己不幸福。幸福不是生命存在要追求的终极目的，满意才是。自我对个体存在于世感到满意才是生命最核心的基础，这不能被有形量化所解释。满意是一种生命体验，是人对其生命存在意义的体验。如果你满意自己的存在状态，幸福感就会产生。在这个过程里，一些事件，比如丧失亲人、生活中出现意外、发生自然灾害等等不可控的因素会让你产生不幸福的感受，但这些并不影响你对自己整体生命的满意程度。所以，幸福是生命中自然而然发生的事情，人不能做到去控制要不要幸福。

一岩：您怎么看生活中有太多的人为了"制造幸福"所作出的各种努力？

艾瑞卡：我发现，在全世界各个地方都普遍存在这样一种社会现象，人们非要努力去"制造幸福"，以为幸福是可控的，我把这种现象称作"幸福强迫症"。我只能说，这与娱乐主导下的社会有直接的关系，人怎么能做到为了幸福而幸福呢？当然在这个层面，娱乐仿佛做到了，娱乐让一些人总是处在手舞足蹈和癫狂的状态里。娱乐会说，来吧，这就是幸福。或者，社会的一些主流文化也会倡导人们，你一定要这样做或那样做才可能幸福。好吧，全社会都开始为了幸福而寻找幸福。在这种被强迫的状态下，人恰好失去了一个最重要的品质，对于自己独特生命的感知能力！显而易见，人离自己的内心越来越远，最终我们发现，由社会（外在）建构的幸福，最终又会成为一个人内心各种不安全症状产生的主要原因。

一岩：即使是这样，人仍旧有追寻幸福的权利。

艾瑞克：这是当然的。我想在这里阐释的是，让幸福自然而然地发生，人不能做到渴望幸福时幸福感就来临。只有当每个人基于对自己个体的尊重，以自己满意的方式追寻自我存在的状态时，才能在内心真正体验到幸福感。而同时，他们也能理解到，过分寻求幸福感所导致的假象会让人无法与内心真实的自己在一起。坦白地讲，人对自己存在意义的理解才是生命最核心的部分，而这个意义不能和追寻幸福等同起来。

幸福的核心问题是回到自己的内心

一岩：作为美国三所大学的终身教授，您在"存在—人本主义"心理教学治疗领域工作已超过40年，从心理学的角度看，您是否认为当下人们拼命"追求幸福"的做法从另一个层面讲也是好事？至少，人们开始关注心理问题了。

艾瑞克：是的，这样的关注对每个人探索自我的存在是极具意义的。我们先前谈论的也许可以称作"幸福不是什么"，现在，让我们看看，"幸福是什么"。

一岩：其实从一开始的谈话里，我就深刻地感觉到，您在所有与"幸福"相关的话题里，多次谈到有关"生命存在的意义"这个概念。我猜，对大多数人来说，这个"意义"似乎是一种隐约的感受，通俗地解释就是当一个人感受到生活中的快乐、得意、成就时他会觉得有意义，反之，当其经历沮丧、失败、抑郁、痛苦时，就会觉得丧失意义。

艾瑞克：我喜欢这个问题，因为你是带着体验来问我的。而我的回答可能正好和你的问题相反，我并不认为大多数人更愿意以一种真实的态度来勇敢地面对自己的沮丧、失败、抑郁和痛苦，更多的人采用逃避或者替代的方式避免与这些真实的情绪相遇。在我看来，"强迫性追求幸福"是这一现状的真实呈现，想想看，如果前者（快乐、得意、成就等等）真的能为存在带来持久的意义，为什么很多看起来那样的人仍旧在寻找意义？而恰好相反，正是后者（沮丧、失败、抑郁和痛苦）引领我们去探寻真正的意义。

一岩：您是说，只有负面情绪才可能让我们探寻到生命存在的意义吗？

艾瑞克：很抱歉，我得纠正一个概念，就是你刚才提到的"负面情绪"中的"负面"两个字。在我看来，情绪就是情绪，那些我们认为不舒服的情绪不能简单地被概括为"负面"，因为情绪无所谓好坏，在个体的心理层面，它们就只是一种存在。事实上，很多人不能面对自己的这些存在，通常采用抗拒和排斥的做法，所以一些人患上了"幸福强迫症"。从心理学的角度，透过情绪感受自己才是一件真正有价值的事。

一岩：如何理解"透过情绪感受自己"？

艾瑞克：抗拒和排斥自己认为不舒服的情绪，这样的做法只会让人远离自己的内心。你可能更多的是在聆听外在的需要，你不仅聆听，还是个很好的践行者，但这样的努力反而会使你陷落在你所抗拒和排斥的情绪里，我们内在的匮乏感由此而来。当人无法透过内在途径来看待自己的存在时，就会产生匮乏感，生命就会显得无意义。

一岩：这让我想起德国哲学家海德格尔"意义是人存在的方式"这句话，匮乏感和人存在的意义之间有必然联系吗？

艾瑞克：当然，匮乏感意味着人对自己的存在状态并不满足，而意义当然不能建立在匮乏感之中。并不是所有的人都能够得到心理上的帮助，自觉寻找到意义，但情绪会告诉我们，需要花时间来关注我们内在的匮乏感了。我们需要问自己，这些不太舒服的感觉从哪里来？它们的产生对我意味着什么？也许我们该放下手机、电视、被关注的成就、物质，来关心关心自己内心的需要了。你若不能照顾到你内心的需要，不能很好地成就自我，幸福感当然也无从谈起。

会心交往是幸福感的核心驱动力

一岩：您谈到，当我们照顾到内在时，我们感知到自我，为什么心理学这样重视一个人的"自我"部分？

艾瑞克：通俗的解释，"自我"就是你有一种能够意识到自己的存在的能力，这个能力可以称为"内省"。在后工业时代，人成为忙碌的机器，我们被手机、电视、汽车等一切现代物质文明所占据，不能回到有意识的思维状态。我们遗忘了这个星球的美，大自然的美，关系的温馨。我们以为竞争和争强好胜就是生活的全部，坦白地讲，我们不知道还有一个"我"的存在，内省会令你反省自己、提升自己。

一岩：意识到"我"的存在对人意味着什么？

艾瑞克：责任！当一个人感觉到他的"我"时，会觉得在一切行为之中有自己的责任，有责任感才有自我意识，责任感同自由又是一致的，你若没有采取行动、做出抉择的自由，就没有责任可言。当我们对自己有所要求，也就是说，要负责任时，就会意识到自由，自我实现就是一种自由。

一岩：也就是说，当人能够感知到"自己是自己"时才可能成为一个更有责任感的人？

艾瑞克：是的，只有当人意识到自己的存在、自由，和他更富有责任感的一面时，才可能更有选择力和创造力。

一岩：在这个"存在"的过程里，人与自己周围的环境有着怎样的关系？我们不可能脱离环境而成就自我。

艾瑞克：你说的这个环境应该是指我们所面临的关系——我们与自己的关系，与周围世界的关系。人的世界就是一个关系的世界，关系是生命存在的基础。但这个"关系"不是我们通常所理解的"人情""捷径"等等，而是指我们通过与人的联结最终走向成长。无论是从个人的层面还是社会文化既定的层面，孤独都是人痛苦的主要根源。我们强调人重视自己存在的意义，但我们更重视人与人之间的"会心交往"，这种交往是一种纯粹的内在行为。

一岩：这种"会心交往"具体是一种怎样的体现？

艾瑞克：以爱为核心。爱让我们与人、与世界联结，同时让我们感受到自己的存在。在这个核心基础上，我们发展出更完善、积极的，更具建设性的真诚、理解、包容和接纳的能力。坦白地讲，就是人们完全可以放下更多的竞争和防御姿态，打破隔阂，在人性最深处相遇而彼此安全。

一岩：我喜欢您使用的"联结"这个词。在后工业时代，大众电子文化消费营造的单一拟象世界，让人与自己、与世界分裂，我本人更愿意将您所倡导的这种"会心交往"理解为一种对人精神的反拨，一种文化的救赎。

艾瑞克：没错。在后工业时代，我们更需要看重人与人之间这种会心的联结。当你回到家，你肯放下电脑、手机和电视与你的家人、孩子一起聊天吗？当你碰到一个愤怒的人，你肯放下判断，倾听他们背后受的伤吗？可以说，"会心交往"使人成为真正的人。再回到我们先前的主题上，"会心交往"也是一个人产生幸福感的心理动力，社会与其鼓动人们追寻幸福，不如鼓舞人们去发现存在的意义，因为自我的和谐是社会和谐的前提。

【访谈手记】

不为追求幸福的存在

幸福能不能作为人活着的目的？艾瑞克·克雷格这位心理学大师告诉我们，这显然是行不通的。因为，幸福的本质不过是一种情绪的闪现，它不能作为人可以执着的信念。

但也有一种可能，那就是当人在重视自己的存在感时，会自发涌现"我是我自己"的幸福感，这是人本心理学家极力推崇的人必须寻找自身意义的主要原因。如果没有存在感，我们就会看到一种滑稽的面对问题的态度，比如本章开头被采访的那个人，当被问到"你幸福吗？"时，他说"我姓曾"。我猜，这根本不是什么逻辑上的趣味错误，面对猛然间提出的问题，回答所暴露的是心灵从未在这个面向上停驻过的问题。

当然，在这篇访谈中，艾瑞克不仅提醒现代人要谨慎对待自己理想被架空的危险，同时，也要妥善保管好我们对这个世界真相的认识。真相往往不那么尽如人意，但却赋予我们开掘自我的勇气。在人为追寻意义而挣扎的旅程中，不断整合自己的人格碎片是种责任，但却不可强迫，因为"我执"也是问题，从"我执"到"无我"才是人格整合发展的最高境界。在这个过程当中，关系为我们提供了锤炼自我的背景。

关系匮乏的人格是"我执"，被关系哺育却又不依附于关系的人格才叫"无我"。会心交往是和善的理想与目标，符合人格发展的终极需要，在这一点上，东西方的心理文化保持着惊人的叠合，而不为追寻幸福的存在，是这个叠合的面目，它提醒我们永远不要坠入与世俗苟合的深壑。

在某种意义上，幸福与死亡是生命轴心上的两个重要议题，哲学家和心理学家都认为，如果缺乏直视死亡的勇气，人也无法真正理解生之幸福。中国教育中缺乏生命教育这一课，导致很多人避忌谈论和死亡相关的话题，但这种视而不见的做法不仅不利于我们理解即将逝去的生命究竟需要什么，还将导致我们面对死亡时无法应对自己的恐惧。

第十一章

直视死亡

直视死亡

喧闹之后,王川的周围一片寂静。

他躺在病床上,手中摆弄着一个长方形的蓝色小纸盒,纸盒还没来得及拆开,对于里面装着什么,62岁的王川并不好奇。近两年来,在北京郊外的这所名为"松堂"的民间临终关怀医院。每周六、周日,王川已习惯于从晌午就开始接受大量高校大学生的探视。

起初,那些鲜活的面容总让他想起自己的年轻时代。后来,他麻木了,连回答也显得有些僵化,特别是当一些孩子吞吞吐吐地想要问他"什么病,能不能治好"时,他会直接说:"治不好,现在只剩下熬天数了。"但之后他又觉得这样回答"不妥"。

清明节前一周,在王川所在的医院里,来探视的大学生更多。一群来自清华大学的孩子临走时送了王川这个蓝色的小纸盒,快到吃晚饭时王川才漫不经心地打开了。里面,一长一短两枚印着清华大学LOGO的书签煞是好看,王川摆弄着书签,想让病友们也看看,但没有一个人注意他。

病室里,大多数人都蜷缩在雪白的被子里睡觉,和王川挨着的是一位不能说话的老人,在目光接触中,老人看清了王川手中的书签,却没有任何神情。

夕阳掠过王川的床铺。看着自己周围的人,倏忽间,王川已记不清送书签的孩子长什么模样了。

每天都在和自己的意识搏斗

五年前,身为医生的王川因为一次手术意外导致盆底神经痛,这个只有1%概率的手术失误就这样被王川"摊上了"。

剧烈的疼痛一直持续于身体间,从不间歇,疼痛时还会恶心、头晕、呕吐,这是个在全国也无法看好的病,王川只能依赖吗啡和哌替啶止痛,"基本上是每四五个小时一针,一年1800多针。"

这个常人无法想象的数字使得王川的臀部"像被刺绣出来的地图",已没有完好的地方。每次护士给他打针,想找到一块柔软的地方都很难。最糟糕的是,他已经不能下地走路,也不敢去想自己五年来打过的针。

身为医生,王川知道,吗啡和哌替啶的大量注射最终将导致自己肾脏和心脏的衰竭,对他而言,"就是个时间问题"。以前他是旁观者,看病人的生生死死,现在他要直视死亡。

2008年到2011年,王川住在家里,剧痛难忍时,他想到了自杀,"三年来两次,可两次都被救活了。"王川说,"那样没有质量的活法,每一天都是在和自己的意识搏斗。"

价值的丧失、不被需要的自我否定折磨着他,第一次被救醒时,妻子和女儿在一旁流泪,王川"自己却发火了",他觉得没人能够理解他的疼痛,"只有死可以解决这个问题"。王川要"安乐死",家里人没同意。

第二次自杀未遂后,王川要求住进医院,"没理由再折腾亲人"。等到了医院,他才发现,"还有那么多要面对死亡的人"。

死亡与生一样无可逃避

这是一所临终关怀医院,"伙食没家里好",但在这里,王川有了"信仰"。一名姓陆的70多岁的老太太十几年前就是这所医院的义工,也是虔诚的佛教徒。她起初送佛经给王川时,王川并不领情,他觉得自己生命快接近尾声了,"看不看都无所谓"。后来,疼痛实在难忍时,王川也听点经书,很奇怪,"心似乎没那么烦躁了"。

现在,他开始从一些书里认识死亡。之前,他从未关心过这个问题,即使是在自己选择自杀的时候。

亲人探访的日子,气氛明显变得宁静了。以前他很暴躁,觉得周围的人都厌弃他,他也"同样厌弃自己",后来他明白了,"不是厌弃,是恐惧,是恐惧死亡有一天真正到来"。

躺在床上的时光不再像以前那样难熬,吗啡和哌替啶虽然冷酷但终归延续着生命。王川说,老天总有让人活着的理由,一个健康的人是不会过多地去想与死亡有关的问题的,只有濒临绝境时才会去想。而在医院,死亡是绕不开的话题。

王川开始重新审视自己的病,"持续这么久活着,忍着肉体的疼,看最后的时光是否可以坦然些。"

以前,他厌烦义工关心他,"那预示着他们知道我会死,"但现在,他不再这样想,"死亡和生一样是每个人都逃不过的事情,死亡迟早会来临,但我可以从容些。"

安静的病房里,王川的病床靠墙,他只要侧躺就能看清楚病房里所有的人。当剧痛来临,他仍旧很失落,但他不再去想用自杀的方式结束自己的生命,他还有家人,"以那样的方式结束,会给家人心里留下阴影"。

他的身体在一天天衰竭,但有一点他很确信,"可以平静地等待那一天"。他觉得这些都要归功于陆老太,当他第一次拒绝她送书给自己时,他以为陆老太不会再理他了,没想到,她还是来了,有时"一起谈论死亡,人反倒平静了"。

他的病友们,来了一些人,也走了一批人。作为病房的老住客,当有暖暖的阳光照进病房时,王川总忘不了提醒病友:"看,多好的太阳!"大多数时候,他是病房里唯一能流畅表达的人。

让临终的人做自己想做的事情

40多年前,北京松堂关怀医院的创办人李松堂在东北农村插队,照顾过一位被打成"右派"的教授，老教授弥留之际要李松堂帮自己找大队"平反"，为了让老人安心离开，李松堂自己"伪造"了"平反书"念给老教授听，老教授最终带着满足的心平静地离开。

促使李松堂最终建立临终关怀医院的正是这件事。20世纪80年代，当国内还没有人在正式场合大谈死亡时，李松堂在北京香山的一个部队小院里创建了一个类似养老院的临终关怀医院，专收生命接近尾声的人。

临终的人究竟需要什么？一开始李松堂的做法很简单，就是帮他们"满足人生最后的愿望，不带遗憾地离开"。

在李松堂的印象里，大多数临终患者的家属都把过多的注意力放在为患者治疗这件事上，很少有空听听患者想要什么，而李松堂在医护上重点做的恰好是这些"家属顾不上做，觉得不重要的事"。

一位癌症晚期的老人被子女转了多个医院，他都拒绝让护士靠近自己，转到李松堂这里时，李松堂不安排他看病，而是先和他聊天。老人年轻时曾在自卫反击战中当过侦察兵，一直很怀念自己的青春时光。半夜，李松堂敲开老人的病房，让老人"带路"去侦察其他病房"敌情"，70多岁的老人开心得不得了，第二天白天给病友汇报"战果"。

在李松堂看来，这就是他应该做的事："临终关爱就是让病人在最后能自己做主，了却心愿。"

这种"老土"的做法，使得松堂医院既像医院又不像医院，有人信佛教，医院就设了"住念室"，有信基督教的，医院就提供"祷告室"。

有限的生命要活出尊严来

这样的做法并不是随意而为，在医院存在的20多年里，李松堂发现"有信仰的人似乎比没信仰的人更能平和地面对死亡"，在李松堂看来，这其中的缘由是，"各种信仰的核心是把死亡看成和生同等重要的事情"。

大多数时候，医院刚来的护工并不能理解这句话，生死学教育便成为护工们必修的功课。面对年轻人，李松堂惯用一句话："告诉你们一个好消息，你们还有一万多天就死了。"起初大家很诧异，后来才明白，这是一种幽默的暗示，"提示每个人，生命是有限的"。在李松堂看来，人如果能珍视有限的生命，不留遗憾地活，对死也就更坦然。

已成为医院管理人员的莎莎曾经是医院的护工，初到医院时，看着一些生命来了走了，莎莎觉得自己不会干得太久。后来，一件事深深触动了她，李松堂让年轻人给自己写"遗嘱"，其实就是让他们体验濒死的感觉，写着写着，莎莎就哭了，原来认真面对生命时才发现，"有限的生命要活出尊严来"。

虽然这个做法有争议，但李松堂还是坚持让年轻人做这样的体验练习，他觉得，人只有理解了自己的生命才能理解别人的生命。

一岩简析：

与濒死之人谈论死亡是忌讳也是残酷，但这是常人在想象中得出的结论。对于那些不再以抗拒的方式对待生命中的无奈的人来说，谈论死亡是勇敢地和自己在一起，我要为这样的人献上敬畏与颂扬。我知道，有一天我会和他们一样要面对这恐惧，所以，就让我在异样的时空中先与这恐惧相遇。

陈维樑：生者更要学会面对死亡

陈维樑：香港心理学会注册心理学家，多年来一直在美国从事哀伤及心理创伤辅导，临终关怀是其近年来一直比较关注的心理议题。

陈维樑多年来一直在美国从事哀伤及心理创伤辅导，临终病人是其辅导的重点对象。"理性对待临终者的模式是我们惯用的模式，"陈维樑说，中国传统文化避讳谈死亡，这也使得国内教育缺失了"死亡教育"一课。

在陈维樑看来，"死亡教育所涉及的是有关完整生命的课程，关系到一个人如何认识死亡、临终如何面对死亡，更关系到我们如何看待亲人的离去以及如何处理自己的哀伤情绪。"

20世纪50年代末，"死亡教育"在美国兴起，后被引入大学，并逐渐延伸至中小学；90年代，台湾和香港学者将"死亡教育"带入两地的大学课堂；1998年，台湾将"死亡教育"更名为"生死教育"，引入国中，此后又引入高中，并于20世纪末初将其列为小学至大学16年的学校教育体系中。而在内地，这一教育还是空白。

死亡的准备

"在死亡之前做好准备"是陈维樑惯用的一句话，他解释说，这并不是让我们像准备去战场一样"去献身"，而是在人生有限的生存里像了解自己的生活一样"了解死亡"。

一岩：日常生活里，中国人总是忌谈死亡，谈论也多是因为有亲人离开，为什么？

陈维樑：人类一般不谈论死亡是因为我们内心恐惧死亡，面对死亡就是面对自己的恐惧，不谈论它是最好的心理防御。但不去探讨它，我们又如何对待行将离开的亲人？既不触碰禁忌又希望亲人没有遗憾地离开，这不可能办到。

不谈论死亡也是一种文化认识上的偏差。在港台地区以及欧美一些国家，"生死教育"是普遍开展的，我想未来内地也一定会开设这样的课程体系。"死亡教育"是双向的探讨，是关于生命完整性的探讨，没有这样的探讨，我们不可能对生有更好的认识。

一岩：具体到"临终关怀"，这是个现实问题，大多数时候，我们并不知道怎么做。

陈维樑：那就要问问，我们关怀的对象是谁，谁需要得到关怀和满足？很多临终的人曾和我讲，他们在渐渐失去能力和控制感，而这些感受，亲属是看不到的，亲属都在"说服病人配合治疗"，却很难体会病人是什么感觉。或者，我们只看到病人的一些外在行为，比如失控、烦躁，而我们的建议大多都是好的、善良的，临终者难以拒绝。但这些或许都不是病人真正需要的，那些来自病人心灵的声音我们都听不到，所以，在这里，关怀更多的是心理上的，让临终者还能实现一些自己的愿望，让他们仍旧有一份"控制感"，这是最好的做法。

一岩：这样做也只是关怀的一部分而已，在实际生活中，就一个亲人的离开，仍然有更深层面的关怀，对吗？

陈维樑：这正是我想讨论的有关"生死学"的问题。就死亡本身来说，我们不可能在当下那么短的时间里处理完所有的问题，所以，人需要提前介入对死亡的了解。

比如每个人都会对死亡感到焦虑和畏惧，但这并不意味着我们需要或者应该消除这种焦虑和畏惧，实际上，我们只需要知道这是存在的，你得接受，就够了。为什么这样说？你接受了，才会以悲悯和同情面对临终者。

照顾和关怀的意义，不是你代替病人做一切，而是你能感受到病人的感受，这一点很重要。

一岩：为什么宗教会使一些人很平静地接纳自己的死亡？

陈维樑：我只能说，宗教的核心是从心灵的层面来探讨死亡。

各种宗教会认为，身体在渐渐消解时，心智所构筑起的原本强大的自我也在消解，也就是荣格所说的"人格面具的消解"，人越来越想回到生命本真的状态中去。从意识层面讲，这是一种心灵的转化，人开始超越过去对世俗中身份的认同、关系的认同、思维的认同，这样，生命自由的能量就会渐渐涌现。

这当然是一个需要深入探讨的问题。在这里我只想说，有信仰的人，也在一定层面上超越了自我意识，包括超越意识对死亡的焦虑和恐惧，所以你会看到有信仰的人比没信仰的人多一些对死亡的平静接纳。

一岩："生死学"教育有着怎样的意义？

陈维樑：我当然希望内地也能够从小学起就开设生命教育的课程。在台湾和香港，这样的课程统称为"通识教育"，就是让小孩子从很小的时候就能了解什么是情绪、情商、生命以及生死。最后，我想通过我的接触两个个案来说明为什么开展生命教育很重要。

一个10岁大的男孩，外婆每次来看完他要走的时候，他都会拉着外婆的手，哭着不让她离开，大人问他为什么，他说："不让外婆死。"弄得大人很尴尬。

后来，我弄清楚了，原来，三年前，孩子的爷爷、奶奶陆续去世了，孩子畏惧死亡啊！可没人注意孩子这个，大家只一味指责小孩子不懂事。我们没有关于认识死亡的课程，我们不懂得如何让小孩明白死亡究竟是怎么回事。在香港和台湾，有死亡体验的游戏，比如"想象生命剩下最后一天""棺材体验"等等，我知道在内地也已经有一些机构在这样做了。

还有一个25岁的女孩，她在一年前失去了自己的外婆。至今，只要看见医院的病床，她就会放声大哭。

一年前，这个女孩胃癌晚期的外婆住进肿瘤医院，她去看外婆时，躺在病床上做透析的外婆拉着女孩的手说自己想回老家，可女孩担心外婆的身体受不了路途颠簸；外婆想吃咸菜，但女孩和父母却硬让外婆吃医生开出的营养品；外婆不想再做化疗，女孩哄她"再做一次就会好"，其实她知道那根本就没有用。

外婆在弥留之际，意识已不清楚，那一刻女孩才明白，在外婆还能清醒地和她相处的时光里，她和父母"只顾做了自己想做的事情而全然没有顾及外婆想做什么"。所以在这一年多里，女孩一直很自责。

【访谈手记】

预见死亡，拥抱死亡

在《直视死亡》里，生者王川预见死亡的王川；民间临终关爱的倡导者李松堂，总是预见别人的死亡。

当我接触这些人时，时间不再走得那样快。你看着缓慢的生命，你构想着别人的恐惧，你看见他们的目光，你看见渐渐慢下来的时光，而这一切并非与你无关。因为，当时间慢下来之时，你的确可以感受到，长期以来，我们无法言说的恐惧和焦虑是直指死亡的。虽然，此时此刻我们暂居生的狂妄，并以所有、所做虚构永恒的生命大厦。

因为一丝信仰，王川可以拥抱能预见的死亡，他还能怎么做呢？焦虑和恐惧如影随形，我们可以与其相伴，但却不能成为它们，就如同死亡总是如影随形，但我们却不必让自己死掉。

如果，死亡仅仅是死这么简单的事情也就罢了，但它偏偏不是。我们的生命从诞生之日起就和死亡的意象紧紧关联。哲学家认为，人臆想和创造自己不朽的背后，其实是一种对死亡的恐惧。中国的儒家文化认为"未知生，焉知死？"中国的教育中始终缺乏死亡教育这一课。

死亡教育不是教人如何死，而是教人如何活得更好、更从容、更自如，而这却成了中国人心理上最大的障碍。本质上我们对濒死之人持有的态度是怜悯与绝望，这导致人并不知道生命在临终的那一刻究竟需要什么。临终关怀正是在这种心理语境下诞生的，它的形式受到宗教的启发，本质上仍旧保持着对人的尊重。陈维樑博士在访谈最后讲的那两个故事给我留下了深刻的印象，这是超越访谈的提醒，告诉每一个读到这两个故事的人：不管我们的文化里有没有对死亡恐惧的关切，我们都得有这样一种意识，那就是，我们可以从生命深处拥抱这终极的焦虑与恐惧，这样才能学会以更为人性化的方式，对待自己和他人的生与死。

后 记

这本书能够顺利出版，我要衷心感谢陕西师范大学出版总社责任编辑孙国玲和本书特约编辑巩亚男。因为她俩的策划和对我原稿的精心编排，使得我这本专业性非常强的大师访谈，变成了现在这样一本人人都能读的心理学书。

在社会普遍追求轻阅读、浅阅读、明星阅读的时代，出版这样一本心理学书对出版社来说是有风险的。2014年，当我和国玲谈及我希望出版一本以国内外著名的心理学家访谈录为核心内容的心理学书时，国玲欣然答应先看看书稿，随即便开始做出版策划工作。之后，巩亚男对原书书稿进行了编辑和归类。可以说，没有她俩的辛勤努力，就不会有这样一本特殊体例的心理学书。

10年前，心理学和心理咨询对国人来说还是比较陌生的领域，谈及心理学时，大多数人会联想到"精神病"。但现在，越来越多的人发现，心理学不光探索问题，更探索成长，在对国内外那些心理学家的深度访谈中，这一点是显而易见的，这也是两位图书编辑和我的共识。

心理学家访谈的阅读毕竟受众有限，可我愿意首先做出这样的尝试，但最感谢的还是出版社的选择。国玲和亚男都是非常优秀的图书编辑，老实讲，当我拿到这本书的最终校样时，我都不敢相信，这本书会以这样可阅读的方式呈现，还有什么比这更令人喜悦的事情呢？是为记！

一 岩
2015年4月18日